VEINTIÚN
DÍAS DE
TRANSFORMACION

UN DEVOCIONAL DE
VEINTIÚN DÍAS SOBRE LA
PERSONA Y OBRA DEL
ESPÍRITU SANTO

DR. W. TERRY BAILEY

PUBLICADO POR E4 MINISTRIES, INC.
ALL MAJOR SCRIPTURE QUOTATIONS CONTAINED IN THIS TRANSLATION ARE
TAKEN FROM SPANISH REINA-VALERA (PUBLISHED IN 1909; PUBLIC DOMAIN),
UNLESS OTHERWISE STATED.

Introducción

En el Evangelio de Lucas, Jesús encargó a sus discípulos que testificaran y predicaran en su nombre a todas las naciones. En Lucas 24:49 les dijo: "He aquí yo envío la Promesa de Mi Padre sobre vosotros; Pero permanece en la ciudad de Jerusalén hasta que seas dotado de poder desde lo alto". En Hechos 1: 8 Lucas registra algunas de las últimas palabras que Jesús dijo a los reunidos para testificar su partida al cielo. "Pero recibiréis poder cuando el Espíritu Santo haya venido sobre vosotros; Y seréis testigos de mí en Jerusalén, en toda Judea y Samaria, y hasta los confines de la tierra.

En Juan 16: 7 Jesús dijo: "Pero yo os digo la verdad. Es para su ventaja que me vaya; Porque si no me voy, el ayudante no vendrá a vosotros; Pero si me voy, te lo enviaré. "¿Quién es este ayudante? Él es la Persona Mística de la Trinidad. Él es el "uno llamado a nuestro lado para ayudar".

Debemos saber y entender a Quién es este gran Ayudante y cómo Él funciona en nuestras vidas y en la iglesia hoy. Veintiún Días de Transformación es un devocional de veintiún días dedicado a traerle a una mayor comprensión de la Tercera Persona de la Santísima Trinidad. Mi oración es que Dios se revele a ti, y obtendrás un mayor conocimiento del Espíritu Santo. Este material está diseñado para darle una mayor comprensión de la persona y la obra del Espíritu Santo. Se incluye en cada lección una Lectura Diaria de las Escrituras, Información sobre el Espíritu Santo y una Oración Diaria.

DEDICACIÓN

Este libro está dedicado a las dos personas más importantes en mi vida: mi esposa Beth y mi hija Mikkaela. A mi esposa, Beth, eres mi amiga más querida y cercana; su amor y fuerza han sido una fuerza de guía para mi vida. Su animo y apoyo me han sostenido a través de cada temporada que hemos encontrado en nuestro viaje juntos. Te amo más de lo que las palabras pueden expresar. Usted es un guerrera de oración, inquebrantable en su fe y compromiso con Cristo. Mikkaela y yo tenemos la gran bendición de tenerte en nuestras vidas.

A mi hija, Mikkaela: Estoy tan orgulloso de la mujer de Dios que estás convirtiendo. Me inspiras. Estoy asombrado de tu fuerza y belleza. Te amo con todo mi corazón y estoy tan honrado de ser tu padre.

Lo Que Otros Dicen

"El Espíritu Santo es el amigo más cercano que jamás tendrás. Él es la arma más fuerte que puede poseer. Él es la mayor sabiduría que jamás encontrarás y el amante más profundo que jamás tendrás. El Espíritu Santo es una de las personas más importantes y más incomprendidas de la Biblia. Él es la extensión de Jesucristo en la tierra hoy. Sin el Espíritu Santo, su relación con Jesús es lejana. Sin Él la Biblia es simplemente historias y nunca llega a ser real a su alma.

El Espíritu Santo debe ser definido claramente antes de que Él sea completamente abrazado. Este devocional de 21 días trae revelación y definición a la intimidad y operación de Su poderosa obra en la vida del creyente. El trabajo del Dr. Bailey sobre el Espíritu Santo aquí trae una mirada más profunda en quién es y cómo trabaja en su vida. No puedes evitar ir al siguiente nivel con el Espíritu Santo después de leer este devocional."

Obispo Shawn Patrick Williams
Founder of Warrior Nations Intl. Ministries

"Veintiún Días de Transformación es un devocional maravilloso. Ambos puntos el camino a una comprensión más completa de la Tercera Persona deLa Trinidad, y da guía para ayudarme a entender mi vida en relación con la historia de Dios. Se proporciona una devoción diaria, escritura para estudiar, y una oración por cada día. El lector no sólo debe leer el devocional, sino también aplicar su instrucción y pasar tiempo con nuestro Padre Celestial. Cualquiera que recoja este libro se encontrará a sí mismo deseando pasar más tiempo con Dios y Su Palabra."

Dr. Forson Swanzy
Forerunners International Ministry

"Pastor Terry Bailey, en este muy oportuno e inspirador devocional, Es capaz de poner sus manos en una de las mayores necesidades de la Iglesia y El mundo de hoy. Esta necesidad es para la comprensión y el conocimiento de Dios Padre por medio de la persona del Espíritu Santo. Hay tan Muchos vientos de doctrinas que están soplando en los veinte primeros Siglo, y este libro divide correctamente la Palabra de Verdad sobre el tema Del Espíritu Santo. Doy a esta obra mi más alta recomendación para Creyentes que quieren crecer y desarrollarse en su relación con Dios El Padre, Dios el Hijo, y Dios el Espíritu Santo."

Obispo Ray Boggs
Spirit Life Ministries, International Pentecostal Holiness Church

"El Dr. Terry Bailey, ministro extraordinario del Evangelio, tiene una pasión por comprender los secretos de la Palabra de Dios. Aquí trata con la Tercera Persona de la Trinidad, el Espíritu Santo. Su visión e inspiradores pensamientos en este volumen traen un entendimiento al complejo tema de la obra del Espíritu Santo. Las palabras del Dr. Bailey proveerán una guía útil para su relación con Dios, y fortalecerán su compromiso con el discipulado. Cada día serás bendecido al leer esta guía devocional de 21 días."

Bane James
Co-Founder Joysprings Foundation, Inc.

"He sido tan inspirado y cambiado como resultado de la lectura de este gran devocional. El Dr. Terry Bailey es un autor increíble, escritor inspirador, comunicador relevante, y verdaderamente un hombre que tiene su dedo en el pulso de Dios, y su oído sintonizado a la voz de Dios. Sé que este libro va a cambiar su vida al igual que ha cambiado la mía. Comparta esto con todos, y vea cómo cambian sus vidas también."

Obispo Joel Talley
Lead Pastor, Winder Church of God

"Veintiún Días de Transformación es un recurso tremendo para cada iglesia y creyente que desean llegar a ser maduros, seguidores del Espíritu de Jesucristo. Los estudios bíblicos, una buena base para las clases o pequeños grupos, mueven al lector de ver y oír a comprender, experimentar y hacer la Palabra y la obra del Espíritu Santo. He conocido y ministrado con Terry Bailey por más de 25 años y sé que este libro es impartido por la plenitud del Espíritu Santo en su vida. Lo recomiendo fuertemente como una herramienta de equipamiento para uso personal y para toda la iglesia."

Rev. John B. Todd
International Prophetic Minister

"¡Qué impresionante devoción escrita por un increíble hombre de Dios! El Dr. Terry Bailey hace las preguntas y respuestas importantes cada una en un escenario no-denominacional conciso con respecto a la Persona del Espíritu Santo. Este paso a paso de devoción explicativa le inspirará y le retará a profundizar en su comprensión de la naturaleza del Consolador. El Dr. Bailey escribe de una manera muy instructiva, fácil de seguir que está respaldada por escrituras y mucha oración. Cada día es cronológicamente inspirado que atrae al lector a una relación más profunda con el Espíritu Santo. Escribe con cautela y respeto y le da invitación a profundizar su fe y comprender y experimentar el poder, la naturaleza y la guía del Espíritu Santo. Después de leer este libro tuve que releer de nuevo, y cada vez que adquirí nueva comprensión y perspectiva sobre lo importante que es tener una manifestación del poder de Dios en mi vida. Este libro es el pan que nutre mi vida cada mañana y me centra en el plan de Dios para mi día. Una verdadera obra maestra y una adición a su biblioteca. Gracias Dr. Bailey por permitir que el Espíritu Santo hable a través de usted al escribir este libro."

Obispo Cliff Ramsundar
Senior Pastor of New Covenant Community Church

Tabla de Contenido

UNA PERSONA DIVINA

La Escritura de Hoy: *John 14:17-18, 26 — "Al Espíritu de verdad, al cual el mundo no puede recibir, porque no le ve, ni le conoce: más vosotros le conocéis; porque está con vosotros, y será en vosotros. No os dejaré huérfanos: vendré a vosotros... Mas el Consolador, el Espíritu Santo, al cual el Padre enviará en mi nombre, él os enseñará todas las cosas, y os recordará todas las cosas que os he dicho."*

El Espíritu Santo ha sido llamado el miembro más descuidado de la Trinidad. En la iglesia de hoy, hay una falta general de conocimiento concerniente al Espíritu Santo y Su ministerio. De hecho, Francisco Dixon lo ha llamado la "Persona desconocida de la Deidad."[1]

La Dra. Fuschia Pickett escribe en su libro *Presentando el Espíritu Santo, Volumen 1,* "Para muchas personas, el Espíritu Santo no es más que un nombre en un credo religioso recitado en los servicios litúrgicos. Para otros es sólo una vaga influencia mencionada en las Escrituras. Incluso aquellos cristianos que piensan que saben que el Espíritu Santo es muchas veces no lo reconocen como una persona Divina.[2] ¿Quién es el Espíritu Santo? Hay muchos nombres y títulos tanto en el Antiguo como en el Nuevo Testamento que revelan Su carácter y nos dan una visión de Su personalidad y naturaleza. Estos nombres son los siguientes:

- El Espíritu de Dios - I Corintios 3:16
- El Espíritu de Cristo - Romanos 8:9
- El Espíritu Eterno - Hebreos 9:14
- El Espíritu de Verdad - Juan 16:13
- El Espíritu de Gracia - Hebreos 10:29
- El Espíritu de Gloria - I Pedro 4:14
- El Espíritu de Vida - Romanos 8:2
- El Espíritu de Promesa - Hechos 1:4,5
- El Espíritu de Sabiduría - Efesios 1:17
- El Espíritu de Apocalipsis - Efesios 1:17
- El Consolador - Juan 14:26
- El Espíritu de Adopción - Romanos 8:15
- El Espíritu de Fe - II Corintios 4:13
- El Espíritu de Santidad - Romanos 1:4

Hay muchas personas que piensan que el Espíritu Santo es simplemente una influencia o simplemente un poder invisible, pero aprendemos en las páginas de la Escritura que Él es una persona divina. Él es un miembro de la Santísima Trinidad, y si Él es un miembro de la Divinidad Eterna, entonces Él debe ser una persona. La Biblia nos dice que cada miembro del Dios Triuno opera de manera co-ordinaria, coeterna y coexistente como una sola unidad. Al examinar la Palabra de Dios vemos que cada miembro de la Deidad tiene una función o actividad específica.

Una cita popular lo resume así: "El Padre es el Ejecutivo, El Hijo es el Arquitecto, y el Espíritu Santo es el Contratista." Dr. Ray Hughes escribe en su libro: *¿Quién es el Espíritu Santo?* En nombre del Padre, vemos al padre de quien nos hemos preguntado. En el nombre de Jesús vemos al Salvador por quien estamos reconciliados. En nombre del Espíritu Santo vemos la atmósfera en la que nuestros espíritus son para vivir, moverse, y tienen su ser."[3]

Encima de es proposicion que signfiica sobre la propia personao sobre si El Espiritu Santo prove continuamente a nuestro hombre interior de fuerza sobre si. Él funciona como una personalidad real en la iglesia del Nuevo Testamento. Posee todas las características de una persona. Posee atributos de la mente (Romanos 8:27). Él tiene una voluntad (I Corintios 12:11). El siente (Efesios 4:30). El testifica (Hebreos 10:25). Él enseña (Juan 14:26). Él intercede (Romanos 8:26). Él habla (Apocalipsis 2:7). En Hebreos 3:7, el autor desconocido de este libro del Nuevo Testamento revela que Él continúa hablando con Sus hijos hoy.

En nuestro estudio del Nuevo Testamento aprendemos que Él puede ser mentido, afligido, y blasfemado. El Espíritu Santo debe ser honrado y reconocido en nuestra vida personal de oración, así como en nuestras reuniones de la iglesia. Él viene a establecer una relación con cada uno de nosotros para que Él pueda guiarnos a toda verdad. Su deseo es permitirnos Una cainata es un viaje corto o un paseo, debe ser nuestro caminar que es dirigirse a un lugar o meta, o avanzar hacia relación con el Señor. Debemos reconocer su voz cuando Él nos habla. Él nos ama y anhela revelar Su amor de transformación a nosotros hoy.

El Espiritu no es en todas partes, sino que esta en todas partes, ya que el es omipresente. Él es Dios y Él está disponible para cumplir con vosotros para que Él os conduzca a Jesucristo. Aprendemos tres cosas en se debe leer: aprendemos tres cosas en II Corintios capitulo 3 acerca de el y no 3 acerca de el. dice que Él da la vida. En segundo lugar, el versículo 17 enseña que Él libera. Ciertamente, el versículo 18 nos revela que Su Misión es hacernos a imagen y semejanza del Señor Jesucristo.

Su deseo hoy es darnos un temperamento como el poderoso Hijo De Dios, Jesucristo. El Espíritu Santo es una persona divina y Él es el Administrador de los asuntos de su iglesia. Y anhela establecer una Relación con usted y conmigo.

ORACIÓN DE HOY:

Querido Padre, deseo establecer una relación con el Preciosa Persona de la Trinidad. No quiero luchar para escuchar o entender su voz. Quiero aprender a vivir en tus eternos propósitos. Me aparto de ignorar el Espíritu Santo, y siguiendo mi propio camino. Reconozco mi necesidad de Tu guía en mi vida. Mi oración es que derramas tu Espíritu sobre mi familia, tu iglesia, mi ciudad y yo. Anhelo fortalecer mi relación contigo. Ven, el Precioso Espíritu Santo y levántame sobre las sombras de la desesperación y el dolor que son parte de mi Sociedad de hoy.

NOTAS:

EL BAUTISMO DEL ESPÍRITU SANTO

La Escritura de Hoy: *Hechos 2:1-4 — "Y COMO se cumplieron los días de Pentecostés, estaban todos unánimes juntos ; y de repente vino un estruendo del cielo como de un viento recio que corría, el cual hinchió toda la casa donde estaban sentados; y se les aparecieron lenguas repartidas, como de fuego, que se asentó sobre cada uno de ellos. Y fueron todos llenos del Espíritu Santo, y comenzaron a hablar en otras lenguas, como el Espíritu les daba que hablasen."*

Una de las doctrinas cardinales de la Escritura es el Bautismo del Espíritu Santo. ¿Qué significa ser bautizado en el Espíritu Santo? Significa estar inmerso en el Espíritu Santo. Ser bautizado en el Espíritu Santo es ser llenado con el poder del Espíritu Santo para que el creyente pueda vivir una vida vencedora. En Mateo 3:11, Juan el Bautista dio esta profecía: "Yo os bautizo con agua para arrepentimiento; más el que viene después de mí es más poderoso que yo, cuyas sandalias no soy digno de llevar. Él os bautizará con el Espíritu Santo y fuego."

En Hechos 1:5, antes de que Jesús subiera al cielo, él pronunció estas palabras a sus discípulos: "Juan a la verdad bautizó con agua, más vosotros seréis bautizados con el Espíritu Santo no muchos días después de estos." Una de las metas más importantes del Señor Jesucristo en Su misión en la tierra fue infundir a Su pueblo el poder del Espíritu Santo. En Lucas 24:49 Él instruyó a sus discípulos a esperar en la ciudad de Jerusalén hasta que fueron vestidos con potencia desde lo alto. En el sermón inaugural de Pedro a la iglesia, él enseña que el bautismo del Espíritu Santo es un regalo que está disponible para cada creyente. En Hechos 2:1-4 el Espíritu Santo fue derramado sobre 120 hombres y mujeres mientras oraban y buscaban fervientemente lo que Jesús llamó la "Promesa del Padre". El versículo 3 dice: "Se les aparecieron lenguas divididas, Y uno se sentó sobre cada uno de ellos". El versículo 4 continúa:" Y ellos fueron llenos del Espíritu Santo y comenzaron a hablar en otras lenguas, como el Espíritu les dio la palabra".

En Hechos 2:11 estos mismos 120 creyentes estaban alabando y magnificando a Dios en lenguas que no podían ni hablar ni entender. Jesús envió al Espíritu Santo para capacitar a Sus siervos para que se convirtieran en testigos eficaces para Él en un mundo que necesita conocer Su gracia salvadora y Su poder.

El Señor Jesús entrega esta experiencia a todo aquel que cree. En Hechos 2:39 Pedro hizo una declaración profunda: " Porque para vosotros es la promesa, y para vuestros hijos, y para todos los que están lejos; para cuantos el Señor nuestro Dios llamare." Dios anhela llenar a cada persona que tiene hambre y sed después de Él. ¿Añoras tu presencia hoy? ¿Has experimentado este maravilloso regalo que se acompaña de hablar con otras lenguas ¿Cómo recibimos este regalo? Nos entregamos totalmente a Dios y simplemente pídele este maravilloso regalo. Entonces, debemos creer que es Su voluntad, y entonces simplemente debemos recibirlo. Una parte vital de la fe es simplemente recibir de Dios. Marcos 11:24

registra las palabras de Jesús con respecto a la fe: "Por eso te digo que, sea lo que pidieres cuando ores, cree que las recibes, y las tendrás."

Usted ha sido llamado por Dios para llevar a cabo sus propósitos en el mundo de hoy. Para hacer esto usted debe estar equipado con energía desde lo alto. ¿Qué es el Bautismo del Espíritu Santo? Es una infusión de poder o una liberación del Espíritu Santo en tu vida. Se acompaña de un fenómeno llamado hablar con otras lenguas. ¿Qué significa hablar con otras lenguas? Simplemente significa hablar en un idioma que no ha aprendido ni entendido. ¿Por qué Dios usa la lengua? Porque Santiago 3:6 dice, "Y la lengua es un fuego, un mundo de maldad. Así la lengua está puesta entre nuestros miembros, la cual contamina todo el cuerpo, é inflama la rueda de la creación, y es inflamada del infierno."

Cuando hablas en lenguas, tú sometes lo que Santiago 3:8 llama "el miembro indisciplinado que ningún hombre puede domar". Debes tener cuidado de no buscar el don de hablar en lenguas, sino el que te otorga el don. Dios anhela llenarlo con Su Espíritu y presentarle a la vida más profunda que está disponible cuando uno es bautizado con el Espíritu Santo.

En Hechos 19:2 Pablo el Apóstol pidió a los discípulos en Éfeso: "¿Has recibido el Espíritu Santo desde que creíste?" ¿Ha recibido el Espíritu Santo desde que creyó? Si no es así, ¿por qué no pedirle a nuestro Padre que le conceda este regalo hoy? Hay una promesa para ustedes en Hechos 2:17. "Y acontecerá en los postreros días, dice Dios, que derramaré de mi Espíritu sobre toda carne." Este es nuestro día; Un día de derramamiento. En todo el mundo Dios se mueve por Su Espíritu. No pierda su oportunidad de experimentar este maravilloso regalo, pero clame hoy por Su santa presencia.

Pedro describe cuatro pasos para recibir el Bautismo del Espíritu Santo en el primer mensaje predicado en el Día de Pentecostés en Hechos 2:38. Ellos son los siguientes: En primer lugar, obedecer lo que Pedro habló a la multitud que se reunieron en ese día. Hechos 2:38 dice: "Arrepentíos y sed bautizados". El bautismo del Espíritu Santo es una experiencia posterior a vuestra salvación. Segundo, crea lo que Dios promete acerca del Bautismo del Espíritu Santo. Hechos 2:38-39 dice que esta "promesa es para ustedes y sus hijos y para todos los que están lejos, para todos los que el Señor nuestro Dios llamará". Tercero, simplemente piden con fe y reciben este regalo que el Padre es ofrecimiento. Lucas 11:13 revela que el Señor dará el Espíritu Santo a los que simplemente preguntan. Cuarto, por la fe haz tu parte. Dios te permite hablar en lenguas, pero debes hacer tu parte y entregar tu voz a Dios.

ORACIÓN DE HOY:

Padre, anhelo experimentar el llenado del precioso Espíritu Santo hoy. Tengo hambre y sed de todo lo que Tú tienes por mí hoy. Yo me vacío para que Me llenes de Tu maravillosa presencia. Yo me entrego a Ti y recibo lo que Jesús dijo que era la "Promesa del Padre". Entiendo que Pedro dijo: "Es para ti y tus hijos y para todos los que están lejos" (Hechos 2:39).

NOTAS:

UNA RELACIÓN CON EL ESPÍRITU SANTO

La Escritura de Hoy: *John 14:17 Al Espíritu de verdad, al cual el mundo no puede recibir, porque no le ve, ni le conoce: mas vosotros le conocéis; porque está con vosotros, y será en vosotros.*

En Juan 14:17 Jesús hace una declaración profunda: Él revela que es posible tener una relación con el Espíritu Santo. En la última parte de este versículo Él dice: "mas vosotros le conocéis; porque está con vosotros, y será en vosotros". Este versículo de la Escritura nos dice que es posible tener un conocimiento íntimo de la Tercera Persona del Eterno Deidad. El Espíritu Santo anhela revelarse a la iglesia para que Él pueda proveer continuamente a nuestros espíritus la fuerza desde lo alto. El apóstol Pablo nos dice en II Corintios 4:16 que "el hombre interior se renueva día a día". El Espíritu Santo busca una relación con nosotros para que Él nos aliente y nos guíe en cada parte de nuestras vidas. Tener una relación con el Espíritu Santo significa que somos capaces de reconocer su voz cuando nos habla. La Palabra de Dios nos dice que el Señor sigue hablando a sus hijos. Se nos dice quince veces en el Nuevo Testamento para escuchar lo que el Espíritu está diciendo a la iglesia.[4]

El escritor de Hebreos nos dice que si no escuchamos la voz del Espíritu Santo que no podemos entrar en el resto de la fe que está disponible para el creyente por la fe. Debemos aprender a discernir la voz del Espíritu, y cuando Él está hablando. Hay muchas voces que compiten por nuestra atención. El enemigo habla tratando de falsificar la voz de Dios. Cuando Dios habla, siempre produce adoración y trae paz. Cuando el enemigo habla, él nos condena y nos lleva a la esclavitud. También es la voz de la carne que habla, pero esta voz sólo produce orgullo y busca promover el yo. El Espíritu Santo nos habla para alentar, edificar y consolar (I Corintios 14:3).

El Espíritu Santo busca una relación con nosotros para que Él nos lleve a una mayor revelación del Señor Jesucristo. En Juan 15:26 nos dice que cuando venga el Espíritu Santo, testificará del Señor Jesucristo. Jesús nos dijo que no habla de sí mismo, sino que nos enseña la verdad de la Palabra. Una de las más grandes revelaciones sobre el Espíritu Santo se encuentra en las palabras de Pablo en Efesios 1:17, "Que el Dios del Señor nuestro Jesucristo, el Padre de gloria, os dé espíritu de sabiduría y de revelación para su conocimiento". El Espíritu Santo es nuestro Divino Maestro y anhela impartir revelación a aquellos que tienen hambre y sed de una mayor revelación de la Palabra de Dios. ¿Deseas entender mejor la Palabra de Dios? ¿Tienes hambre de un conocimiento más íntimo de nuestro Señor y Salvador Jesucristo? Una relación con el Espíritu Santo es la clave para una mejor comprensión de las cosas de Dios. El apóstol Pablo nos dice en I Corintios 2:14 que el hombre natural — El hombre que es sabio en las cosas del mundo — no puede recibir ni entender las cosas de Dios. En el versículo 12 dice: "Ahora hemos recibido, no el espíritu del mundo, sino el Espíritu que proviene de Dios, para que conozcamos las cosas que Dios nos ha dado gratuitamente".

¿Es Él su Maestro de la revelación ¿hoy? ¿Por qué no buscar establecer una relación más íntima con Él hoy para que usted pueda tener una mayor comprensión de las cosas del Espíritu.

ORACIÓN DE HOY:

Espíritu Santo, mi deseo hoy es conocerte. Como mi Maestro, enséñame a reconocer tu voz cuando estás hablando. Perdóname por no escucharte cuando me hablas. Permítame entrar en Tu descanso que viene por la fe, y cesar de mis trabajos. Lléveme, Espíritu Santo, a una relación más íntima con el Señor Jesucristo.

NOTAS:

ANDAD EN EL ESPÍRITU

La Escritura de Hoy: *Gálatas 5:16 "Digo pues: Andad en el Espíritu, y no satisfagáis la concupiscencia de la carne."*

En Gálatas 5:16 se nos dice, como creyentes, que cuando andemos en el Espíritu, no cumpliremos la lujuria de la carne. La Biblia enseña en Juan 16: 8 que el Espíritu Santo nos convence de nuestros pecados y nos revela el pecado de nuestra pecaminosa condición. El Espíritu Santo es el agente de Dios para despertar la conciencia y darnos una conciencia de nuestro pecado. El apóstol Pablo escribe en Gálatas 5:25: "Si vivimos en el Espíritu, andemos también en el Espíritu".

¿Por qué necesitamos andar en el Espíritu? Para que no cumplamos lo que el Nuevo Testamento llama la lujuria de la carne. ¿Por qué necesitamos andar en el Espíritu? La carne es la vieja naturaleza pecaminosa del hombre. Donald Stamps define a la carne como «el elemento pecaminoso de la naturaleza humana con sus deseos corruptos». Permanece dentro del cristiano después de su conversión y le es un enemigo mortal.[5]

La lujuria de la carne es simplemente los deseos corruptos que provienen de la vieja naturaleza. En Gálatas 5:19-21 el apóstol Pablo lista diecisiete diferentes obras o manifestaciones de la carne. Cuando se demuestran estas obras de la carne, sabemos que el individuo no está caminando en el Espíritu. Las obras de la carne son:

1. Adulterio	2. Fornicación	3. Suciedad
4. Lascivia	5. Idolatría	6. Brujería
7. Odio	8. Contenciones	9. Celos
10. Ira	11. Conflicto	12. Disensión
13. Herejias	14. Envidias	15. Asesinatos
16. Embriaguez	17. Disturbios	

Caminar en el Espíritu significa vivir en total victoria sobre la carne (la vieja naturaleza pecaminosa). El Apóstol Pablo revela en Romanos 8:37 que el Espíritu Santo capacita al creyente para que sea más que un conquistador. El creyente está llamado a vivir una vida de abnegación y sacrificio. Caminar en el Espíritu no es algo místico o extraño, pero es una parte normal de la experiencia Cristiana. Muchos creyentes pueden ceder al Espíritu Santo, orar en lenguas, operar en los dones del Espíritu, pero aún no caminar en el Espíritu. El término Bíblico, "Caminar en el Espíritu", simplemente permite que el Espíritu Santo haga en nosotros lo que Dios le ha enviado a hacer. La obra y el ministerio del Espíritu Santo tiene un propósito eterno en nuestras vidas. Su propósito eterno es llevarnos a casa a Jesucristo como su esposa eterna y sin mancha.[6]

Su misión es sellar, santificar, capacitar y preparar al creyente para la novia. El Nuevo Testamento enseña en Apocalipsis 21:9 que aquellos que han nacido de nuevo por el Espíritu son parte de la

Novia de Cristo. Jesucristo está regresando por su esposa. El Espíritu Santo ha sido enviado para preparar a la novia para el matrimonio. Ha venido a presentarnos a nuestro Esposo Celestial. Juan 16:13 dice: "Porque no hablará de sí mismo, sino de todo lo que oyere, lo cual hablará". En el versículo 14 nos dice que el Espíritu Santo glorifica al Cristo. El Espíritu Santo no ha venido para excitarnos, entretenernos, o simplemente para hacernos sentir bien. Él ha venido a manifestar a Jesús ya hacernos caer en amor con él. David Wilkerson escribe en un sermón publicado titulado *"Caminar en el Espíritu",* que la misión y el ministerio del Espíritu Santo son tres:

1. Deshacernos del mundo y crear en nosotros el anhelo de la pronta aparición del Señor Jesucristo.

2. Para convencernos de todo lo que nos mancillaría. (Efesios 5:27) "Para que él presente a sí mismo una iglesia gloriosa, sin mancha ni arruga, ni nada semejante, para que sea santo y sin defecto.")

3. Es apartar nuestros ojos de Todo menos Jesús.[7]

Caminar en el Espíritu es permitir que el Espíritu Santo haga que Jesús sea real para nosotros. Él viene a revelar la bondad amorosa de nuestro Esposo Celestial. Él nos da un anticipo de la gloria de Dios. Él hace retroceder los cielos para que podamos experimentar una manifestación sobrenatural de su grandeza. Caminar en el Espíritu es seguir el ritmo de Dios. ¿Estás caminando con Él? Permítele dirigir su camino. El Salmista escribe en Salmos 37:23 que los pasos de un hombre bueno son ordenados por el Señor. Caminar en el Espíritu es permitir que el Espíritu Santo ordene nuestros pasos y haga en nosotros lo que Dios le ha enviado a hacer.

ORACIÓN DE HOY:

Padre, me entrego al liderazgo de la preciosa Persona de la Trinidad hoy. Espíritu Santo mi oración es que me guíe y me guíe en toda la verdad. Tu Palabra declara: "Conocerás la verdad, y la verdad traerá libertad." Muéstrame el amor de mi Salvador y dame más hambre de Su presencia. Ordena mis pasos y dirige mi camino.

NOTAS:

EL CONSEJERO DIVINO

La Escritura de hoy: *Isaías 11:2 - "El Espíritu del Señor descansará sobre él, Espíritu de sabiduría y de entendimiento, Espíritu de consejo y poder, Espíritu de ciencia y de temor del Señor".*

Isaías 28:29, "Esto también viene del Señor de los ejércitos, que es maravilloso en el consejo y excelente en la dirección."

Isaías 9:6 llama al Señor el "maravilloso consejero". Juan 3:34 dice que Jesucristo fue ungido sin medida con el Espíritu Santo. Isaías 11:2 da una descripción de la unción sin medida del Espíritu Santo sobre el Mesías. "El Espíritu del Señor descansará sobre Él, el Espíritu de Sabiduría y de Comprensión, el Espíritu de Consejero y Poder, el Espíritu de Conocimiento y el Temor del Señor". Esta es una descripción de lo que Juan ve en Apocalipsis 5:6, "Y miré, y he aquí, en medio del trono y de los seres vivientes, y en medio de los ancianos, estaba un cordero como si hubiera sido muerto, teniendo siete cuernos y siete ojos, que son los siete Espíritus de Dios enviados a toda la tierra. "Él es nuestro

Consejero Celestial. Juan 14:16 registra las palabras de Jesús: "Y yo rogaré al Padre, y Él te dará otro consolador, para que permanezca con vosotros para siempre." El versículo 17 continúa: "Incluso el Espíritu de la Verdad; A quien el mundo no puede recibir, porque no lo ve, ni lo conoce; Porque él habita con vosotros y estará en vosotros".

Jesús enseña esta verdad en Juan 14:22, "Pero el Consolador, que es el Espíritu Santo, a quien el Padre enviará en Mi Nombre, Él os enseñará todas las cosas, y os recordará todo lo que Yo he dicho tú."

La palabra "consolador" se traduce de la palabra griega "paracletos". Significa "uno llamado al lado para ayudar." Esta es una palabra rica, que significa "Consolador, Fortalecedor, Consejero, Ayudante, Asesor, Abogado, Aliado y Amigo."[8]

Él es nuestro Consejero, pero Él también es nuestro Maestro. Juan 16:13: «Pero cuando venga el Espíritu de verdad, os guiará a toda verdad; porque no hablará de sí mismo; Mas todo lo que él oyere, también hablará, y os mostrará lo que ha de venir".

El Espíritu Santo ha sido enviado por el Padre para darnos consejos, instrucciones y consejos de Dios. Como nuestro Consejero Celestial, Él viene a enseñarnos la Palabra de Dios.

El Apóstol Juan escribe en I Juan 2:20: "Pero tú tienes una unción del Santo, y tú sabes todas las cosas". I Juan 2:27 dice: "Pero la unción que has recibido de Él permanece en ti, Y no necesitas que nadie te enseñe; Pero como la misma unción os enseña acerca de todas las cosas, y es verdad, y no es mentira, y así como os ha enseñado, permaneceréis en él".

El Espíritu Santo nos enseña a orar. Él nos capacita para orar en el Espíritu. La mayoría de los creyentes de hoy nunca han descubierto la habilidad de orar en el Espíritu. Orar en el Espíritu significa orar en lenguas. Es orar en un lenguaje que es completamente ajeno a su propia comprensión. La Biblia dice en I Corintios 12:3, "Por lo tanto os he dado a conocer que nadie que habla por el Espíritu de Dios llama a Jesús maldito, y Nadie puede decir que Jesús es Señor excepto por el Espíritu Santo."

I Corintios 14:2 dice: "Porque el que habla en lengua no habla a los hombres sino a Dios, porque nadie lo entiende; Sin embargo, en el espíritu habla misterios. "Él ha venido a lo largo de nuestro lado para permitirnos orar en el Espíritu Santo. Judas 20 dice: "Pero vosotros, amados, edificando vuestra santísima fe, orando en el Espíritu Santo".

Como nuestro Maestro y Consejero Él viene a nuestro lado para enseñarnos acerca de la eternidad y para enseñarnos acerca del Señor Jesucristo. Un buen maestro es aquel que se involucra con el estudiante en el tema que se está enseñando. Un verdadero maestro no habla a los estudiantes, sino que adopta una postura a su lado. El Espíritu Santo se reunirá con ustedes en su nivel. Él viene a revelar a Jesús para que podamos caminar en una relación personal con el Señor. Él se involucra en nuestras vidas para que podamos aprender de Él mientras camina junto a nosotros en situaciones y circunstancias que surgen en nuestras vidas. Como nuestro Consejero, nos da información privilegiada. El quita el velo de nuestros ojos que fue causado por la caída y Él trabaja para desarrollar el carácter del Señor Jesucristo en nuestras vidas. ¡Él ha venido a ser nuestro Consejero!

ORACIÓN DE HOY:

Querido Padre, mi oración es que el Espíritu Santo me guíe en cada decisión a la que me enfrento. Le pido que vaya delante de mí y prepare el camino. Espíritu Santo, te pido que me mantengas en el centro de la perfecta voluntad de Dios. Señor, permíteme ser guiado por Tu Espíritu y sensible a Ti en cada parte de mi vida.

Notas:

ORAR EN EL ESPÍRITU

La Escritura de Hoy: - *Judas 1:20 - "Mas vosotros, amados, edificándoos en vuestra santísima fe, orando en el Espíritu Santo…"*

Efesios 6:18 -" Orando siempre con toda oración y súplica en el Espíritu, velando por esto Terminen con toda perseverancia y súplica por todos los santos".

Una de las enseñanzas más controvertidas en el Cristianismo es el fenómeno conocido como "hablar en lenguas". En este estudio presentaremos dos propósitos muy importantes para el don de hablar en lenguas. La primera se llama "Lenguas de Evidencia o de Signos". Las lenguas de evidencia son un signo dado por Dios que acompaña al llenado del Espíritu Santo. La primera ocurrencia se encuentra en Hechos 2:1-4, "Todos los 120 comenzaron a hablar en lenguas como el Espíritu les dio la proclamación." En Hechos 8:14-19 Lucas da un registro del "Pentecostés Samaritano". Felipe fue a Samaria a predicar el Evangelio. En los versículos 14-15, Pedro y Juan impusieron las manos al pueblo y recibieron el Espíritu Santo. Simón, que había estado involucrado en la brujería, fue testigo de las personas recibiendo el Espíritu Santo, y trató de comprar el regalo de los Apóstoles. ¿Qué es lo que vio? El testigo de la gente que habla en lenguas. En Hechos 9:1-19 tenemos la lección del Pentecostés del Apóstol Pablo.

Dios salvó milagrosamente a Pablo en el camino a Damasco. Entonces le habló a Ananías, su siervo, y le dijo que fuera a echar mano a Pablo para que se llenara del Espíritu Santo. No hay mención de lenguas en Hechos 9, aprendemos que Pablo habló en lenguas en I Corintios 14:18, donde él escribe: "Hablo en lenguas más que todos ustedes". En Hechos 10:44-46 hay un registro de los primeros gentiles convertidos que estaban llenos del Espíritu Santo en lo que se ha llamado el "Pentecostés Cesáreo". Mientras Pedro oraba, el Señor le habló en una visión y lo envió a la casa de Cornelio, un Centurión con el Regimiento Italiano. Mientras Pedro estaba hablando Cornelio y los de su casa estaban llenos del Espíritu Santo. El versículo 46 registra las siguientes palabras: "Porque los oyeron hablar en lenguas, y magnificar a Dios...".

En Hechos 19:1-6 aprendemos acerca del Pentecostés de Efesios. Pablo viaja a Éfeso unos 25 años después de Pentecostés. Encontró a los conversos de Juan y los instruyó en las cosas de Dios. Luego preguntó: "¿Has recibido el Espíritu Santo desde que creíste?" En el versículo 6 aprendemos que recibieron el Espíritu Santo, hablaron en lenguas y profetizaron.

El segundo propósito de hablar en lenguas se llama "Lenguas Devocionales". Las lenguas de devoción se dan para ayudar al creyente en su adoración y vida devocional. Esto implica cuatro cosas diferentes en nuestra vida devocional:

1. Orar en el Espíritu:

- Efesios 6:18 - "Orando siempre con toda oración y súplica en el Espíritu ..."

- I Corintios 14:2 - "Porque el que habla en lengua no habla a los hombres, sino a Dios, porque nadie lo entiende; Sin embargo, en el Espíritu habla misterios."

- Judas 1:20 - "Pero vosotros, amados, edificándoos en vuestra santísima fe, orando en el Espíritu Santo".

2. Alabanza en el Espíritu:

- I Corintios 14:16-17 - "Si bendecires con el Espíritu... de verdad da gracias, pero el otro no es edificado".

- Hechos 2:11 revela que los 120 en el Cenáculo estaban alabando y declarando las maravillosas obras de Dios.

3. Cantar en el Espíritu:

- I Corintios 14:15 - "¿Qué es entonces? Yo oraré con el espíritu, y oraré con el entendimiento también: Cantaré con el espíritu, y cantaré con el entendimiento. "

- Efesios 5:18-19 - "Y no os embriaguéis con vino, en que hay exceso; Sino que se llenen del Espíritu." Hablando a sí mismos en salmos, himnos y cantos espirituales, cantando y haciendo melodías en su corazón al Señor.

4. Intercesión en el Espíritu

■ Romanos 8:26-27 - "Del mismo modo el Espíritu también ayuda a nuestras debilidades. Porque no sabemos lo que debemos orar como debemos, sino que el Espíritu mismo intercede por nosotros como con gemidos que no pueden ser proclamados. "" El que escudriña los corazones sabe lo que es la mente del Espíritu, porque Él hace Intercesión por los santos según la voluntad de Dios.[9]

ORACIÓN DE HOY:

Padre, mi deseo hoy es orar en el Espíritu. Quiero que mi vida de oración sea guiada por el Espíritu Santo. Quiero edificar mi santísima fe orando en el Espíritu. Deseo Su aliento y anhelo entrar en el resto del Espíritu. Por favor, dame un lenguaje de oración para que pueda asociarme con el Espíritu Santo que conoce la voluntad de Dios.

NOTAS:

LAS CINCO OBRAS DEL ESPÍRITU SANTO

La Escritura de Hoy:: *Hechos 13:1-3 — Había entonces en la iglesia que estaba en Antioquía ciertos profetas y maestros; Bernabé, y Simón el que se llamaba Níger, y Lucio cireneo, y Manahén, que había sido criado con Herodes el tetrarca, y Saulo. Ministrando éstos al Señor, y ayunando, dijo el Espíritu Santo: Separadme a Bernabé y a Saulo para la obra para la cual los he llamado. Y habiendo ayunado y orado, les impusieron las manos, y los enviaron.*

El libro de Hechos podría ser llamado "Hechos del Espíritu Santo", porque Lucas, autor de Hechos, da un registro del ministerio y actividades del Espíritu Santo en la iglesia primitiva. En Hechos 13:1-13 hay un cuadro quíntuple de Su obra y ministerio en la iglesia de Antioquía. Esto debe servir como un ejemplo para la Iglesia del Siglo XXI de hoy.

La primera actividad del Espíritu Santo es comenzar o formar la iglesia.

El versículo 1 dice: "La iglesia en Antioquía..." Hechos 15:14-15 enseña que el Espíritu Santo inicia o forma la iglesia. En Hechos 11:19-21 las Escrituras revelan que la iglesia de Antioquía comenzó cuando la Palabra de Dios fue predicada con el poder del Espíritu. La gente respondió, y la iglesia nació. Francis Dixon escribe: "Ya sea en Antioquía o en cualquier otro lugar, la iniciación de la iglesia o una iglesia no es la obra del hombre, sino del Espíritu Santo".[10]

La segunda actividad del Espíritu Santo es dar dones espirituales a la iglesia. En el primer verso del capítulo 13 hay profetas y maestros. Aprendemos de nuestros estudios en Efesios 4 que estos oficios son dones de Dios. En la iglesia que es dirigida por el Espíritu hay muchos dones en funcionamiento. Dios apartará a los individuos para las diferentes posiciones de supervisión y servicio al Cuerpo de Cristo. Cada creyente es dotado por Dios y el Espíritu Santo anhela usarlos para fortalecer y bendecir a la Iglesia del Nuevo Testamento.

La tercera actividad del Espíritu Santo es unir a los creyentes juntos en una comunión viva. Sólo el Espíritu Santo puede llevar a cabo esta tarea. Él toma hombres y mujeres de diversos antecedentes, temperamentos, posiciones sociales y etnias para hacerlos todos uno en Cristo. Gálatas 3:28 dice: "No hay judío ni griego, ni esclavo ni libre, ni varón ni mujer; Porque todos vosotros sois uno en Cristo Jesús".

La cuarta actividad del Espíritu Santo es llamar a Sus siervos escogidos para un servicio especial. En el versículo 2, el Espíritu Santo habló a la iglesia en Antioquía durante la oración y la adoración. "Ahora separad a mí a Bernabé y Saúl por la obra a la que los he llamado". El Espíritu Santo estaba activo en la obra de misiones y evangelismo. Él continúa llamar a hombres y mujeres al ministerio de la misma manera que los llamó en la iglesia de Antioquía.

La quinta actividad del Espíritu Santo es permitir que la iglesia cumpla su misión de ganar a los perdidos. En el versículo 12, el escritor de Hechos relata la conversión de un funcionario en la Isla de Chipre. El versículo 12 dice: "Cuando el hombre vio lo que había hecho, creyó, y se asombró de la doctrina del Señor". La salvación y la liberación tienen lugar cuando el Espíritu Santo obra por medio de sus vasos elegidos para cumplir la voluntad de Dios.[11]

ORACIÓN DE HOY:

Querido Padre, hemos sido testigos de la obra y ministerio del Espíritu Santo en Hechos 13:1-13. Tal como hablaste a aquellos que oraron y ministraron al Señor en la iglesia de Antioquía, anhelamos que escojas entre nosotros a los que deseáis enviar para predicar el Evangelio y ganar a los perdidos. Mi oración de hoy es que

Me pondré a tu disposición para que yo te permita trabajar a través de mí para cumplir tus propósitos.

NOTAS:

VIVIR EN EL PODER DEL ESPÍRIT

La Escritura de Hoy: *Gálatas 5:24-25 — "Pero los que son de Cristo han crucificado la carne con sus pasiones y concupiscencias. Si vivimos en el Espíritu, andemos también en el Espíritu."*

La Biblia alienta al creyente a vivir en el poder del Espíritu. El apóstol Pablo le dijo a la iglesia en Corinto: "Cuando vine a ti, no vine con excelencia de palabra o de sabiduría que te declara el testimonio de Dios. Y mi palabra y mi predicación no fueron con palabras persuasivas de sabiduría humana, sino en demostración del Espíritu y de poder".

El mundo en que vivimos hoy es duro, difícil y frío. Los poderes del Infierno te atacarán para desbaratarte y para evitar que vivas una vida vencedora. El Espíritu Santo permite al creyente vivir una vida vencedora. Romanos 8 ha sido llamado el "capítulo del Espíritu Santo." Romanos 8:37-39 dice: "Sin embargo, en todas estas cosas somos más que vencedores por medio de aquel que nos amó. Porque estoy persuadido de que ni la muerte ni la vida, ni los ángeles, ni los principados, ni las potestades, ni las cosas presentes ni futuras, ni la altura, ni la profundidad, ni ninguna otra cosa creada podrán separarnos del amor de Dios que está en Jesucristo nuestro Señor".

Ser más que un conquistador es vivir y caminar en una victoria total. El creyente que vive en el Espíritu tendrá el poder habilitador del Espíritu Santo en las siguientes áreas de su vida:

1. Él le permite superar el pecado:

■ Romanos 6:14 ofrece una de las mayores promesas de la Palabra de Dios: "Porque el pecado no tendrá dominio sobre vosotros".

2. Él le permite superar el miedo:

■ 2 Timoteo 1:7 - "Porque no nos ha dado Dios un espíritu de temor, sino de poder, de amor y de mente sana".

■ El Apóstol Juan escribió estas palabras acerca del temor en 1 Juan 4:18 - "No hay temor en el amor; Pero el amor perfecto echa fuera el temor, porque el miedo implica tormento."

■ El Espíritu capacita al creyente para vencer los tormentos que el enemigo trae contra la mente a través del miedo.

3. Él le permite testificar con audacia y eficacia:

■ Hechos 1: 8 dice: "Pero recibiréis poder cuando el Espíritu Santo haya venido sobre vosotros; Y seréis testigos de mí en Jerusalén, y en toda Judea y Samaria, y hasta el fin de la tierra". El poder del Espíritu Santo dará nacimiento a una pasión en el corazón del creyente para alcanzar a aquellos que están perdidos y lejos de Dios.

4. Él capacita a aquellos de ustedes que creen tener renovadas sus mentes:

■   Efesios 4:23 instruye al creyente a ser "renovado en el espíritu de tu mente".

El Espíritu Santo te ayuda en cada aspecto de tu vida. Él es el Habilitador Divino. El término "habilitar" se define como "proveer con los medios, el conocimiento u oportunidad; Hacer capaz".[12] El Espíritu Santo proporciona los medios, el conocimiento y las oportunidades que el creyente necesita para vivir en victoria y vencer en cada área de la vida.

ORACIÓN DE HOY:

Padre, que yo conozca el poder capacitador del Espíritu Santo en mi vida como nunca lo he sabido antes. Resisto el espíritu de miedo y le pido que me permita caminar en el poder, el amor y tener una mente sana. Espíritu Santo, renueva mi mente para que pueda ser transformado por Tu poder. El precioso Espíritu Santo me capacita para caminar en total victoria. Hazme más que un conquistador hoy. Dame la victoria sobre el pecado y permíteme declarar con gran confianza que el pecado no tendrá dominio sobre mí.

NOTAS:

LOS DONES QUE PERCIBEN

La Escritura de Hoy: *1 Corintios 12:4-8 — Ahora bien, hay diversidad de dones; pero el mismo Espíritu es. Y hay diversidad de ministerios; pero el mismo Señor es. Y hay diversidad de operaciones; pero es el mismo Dios el que hace todas las cosas en todos. Pero a cada uno le es dada manifestación del Espíritu para provecho. Porque a la verdad, a éste es dada por el Espíritu palabra de sabiduría; a otro, palabra de conocimiento por el mismo Espíritu…"*

El apóstol Pablo escribió la Epístola de I Corintios a una confusa iglesia carismática. Esta carta fue enviada para corregir la carnalidad, los abusos, la inmoralidad entre los dirigentes y la división. También fue escrito para traer entendimiento a una congregación que estaba confundida acerca de las manifestaciones del Espíritu Santo. En 1 Corintios 12:1 Pablo escribe: "En cuanto a los dones espirituales, hermanos, no quiero que ignoréis" (RV). El deseo de Dios para cada creyente es que tengamos una comprensión de los dones del Espíritu Santo. En I Corintios 12-14 Pablo instruye a la iglesia acerca de lo que los eruditos llaman los "dones de la manifestación del Espíritu".

Los dones del Espíritu son las herramientas de la Iglesia del Nuevo Testamento. En I Corintios 14:3 se dan tres razones por las cuales el Espíritu Santo ha dado estos dones al Cuerpo de Cristo. Son para el propósito de estímulo, edificación, y nuestra comodidad. I Corintios 12:7 dice: "Pero la manifestación del Espíritu se da a cada uno para el beneficio de todos". El Espíritu Santo da dones para edificarnos en la fe y fortalecernos mientras nos esforzamos por vivir por fe. Se les da para bendecirnos y equiparnos para el ministerio. En I Corintios 12:8-10 aprendemos que hay nueve regalos de manifestación diferentes.

Para entenderlos mejor, vamos a dividirlos en tres grupos de tres:

1. Dones de Revelación

2. Dones vocales

3. Dones de Poder

Los Dones de la Revelación son la Palabra de Sabiduría, la Palabra de Conocimiento y el Discernimiento de los Espíritus. Los dones de la Revelación son regalos que el Espíritu Santo usa para impartir conocimiento sobrenatural o sabiduría. Estos tres regalos son los regalos que tienen que ver con el conocimiento. La Palabra de Sabiduría es una "pronunciación sabia pronunciada por medio de la operación del Espíritu Santo".[13] Es la sabiduría sobrenatural recibida directamente del Espíritu Santo. Es sabiduría más allá de la sabiduría natural del hombre. Es una perspectiva sobrenatural averiguar los medios divinos para cumplir la voluntad de Dios en situaciones dadas. Este don nos permitirá crecer en madurez y aplicar nuestros corazones a la sabiduría.

La Palabra de Conocimiento es una "declaración inspirada por el Espíritu Santo que revela el conocimiento acerca de las personas, las circunstancias o la verdad bíblica".[14] Donald Gee describe la Palabra de Conocimiento como "destellos de penetración en la verdad que penetran más allá de la operación de nuestro propio intelecto. "La Palabra del Conocimiento es un reparto de los secretos de Dios. El Dr. Paul Walker define la Palabra de Conocimiento como "revelación sobrenatural de la voluntad divina y el plan de Dios".[15]

El Antiguo y el Nuevo Testamento están llenos de ejemplos de este hermoso Regalo del Espíritu. A lo largo de los Testamentos, Dios reveló sequías, lluvias, planes enemigos, e incluso los pecados secretos de reyes y siervos. En Mateo 26:34 Jesús tuvo una Palabra de Conocimiento cuando le dijo a Pedro que antes que el gallo cante, lo negaría tres veces. En Hechos 5:1-11 Pedro sabía por la Palabra del Conocimiento que Ananías y Safira habían mentido al Espíritu Santo.

El tercer Regalo de la Revelación es el Discernimiento de los Espíritus. Este don es la habilidad especial "dada por el Espíritu Santo para discernir y juzgar propiamente las profecías y para distinguir si una enunciación es o no del Espíritu Santo".[16] Este don da la capacidad de discernir los motivos de aquellos que dicen hablar por Dios. Un ejemplo de este don se puede encontrar en

Mateo 16:21-23 cuando Jesús se volvió y reprendió a Pedro diciendo: "¡Apártate de mí, Satanás! Ustedes son una ofensa para Mí, porque no están atentos a las cosas de Dios, sino a las cosas de los hombres". La Biblia de Estudio de Vida Plena dice:" Hacia el final de la era cuando los falsos maestros y la distorsión del cristianismo bíblico aumentarán grandemente Este don será extremadamente importante para la iglesia".[17] El énfasis de este regalo revelador está en protegernos de los ataques de Satanás y los espíritus malignos. 1 Juan 4:1 "Amados no creáis a todo espíritu, sino probad los espíritus". El Espíritu Santo imparte conocimiento sobrenatural a través de este don para hacernos sabios como serpientes e inofensivos como palomas.

ORACIÓN DE HOY:

Padre, nuestra oración de hoy es que nos das un hambre y una esperanza por los Dones del Espíritu. Por favor, darnos un conocimiento sobrenatural para que podamos vivir una vida de superación y disfrutar de las bendiciones que están disponibles a través de Su gracia. Deseamos sinceramente los mejores dones "(1 Corintios 12:31).

NOTAS:

Los Dones Que Habla

La Escritura de Hoy: *1 Corintios 12:10 — "…a otro, el hacer milagros, y a otro, profecía; a otro, discernimiento de espíritus; a otro, diversos géneros de lenguas; y a otro, interpretación de lenguas."*

Los Dones del Espíritu son las herramientas de la Iglesia del Nuevo Testamento. Se nos ha dado para animarnos como vivimos para Cristo en un mundo que es hostil al cristianismo. I Corintios capítulos 12-14 nos presentan a los nueve dones de la manifestación del Espíritu Santo. Para entender mejor estos dones los hemos dividido en tres grupos de tres. En la primera lección estudiamos los Dones de la Revelación, en este estudio vamos a estudiar lo que los eruditos han llamado los "Dones Vocales". Los Dones Vocales se encuentran en I Corintios 12:10 - "… a otra profecía, a otra diversos géneros de lenguas; A otro la interpretación de lenguas".

El primero de los regalos vocales es el regalo de la profecía. "La profecía es una manifestación sobrenatural que permite al creyente traer una palabra o revelación directamente de Dios bajo el impulso del Espíritu Santo".[18] La profecía animará al creyente a perseguir la rectitud, la santidad, la fidelidad, la resistencia, el consuelo y, a veces, ser una advertencia. El Dr. Paul Walker dice: "La profecía es un enunciado divinamente inspirado y ungido. Es una proclamación sobrenatural en un idioma conocido."[19] La profecía puede incluso revelar lo que hay en los corazones de las personas y llevarlas bajo convicción. I Corintios 14:25 da los resultados de una palabra profética. "Y así se revelan los secretos de su corazón; Y así, cayendo sobre su rostro, adorará a Dios e informará que Dios verdaderamente está entre ustedes". El Apóstol Pablo enseña que toda profecía debe ser juzgada o pesada. Lo medimos por la Palabra de Dios. Debemos preguntar si el enunciado está de acuerdo con la Palabra escrita.

El segundo Regalo Vocal es Diferentes Tipos de Lenguas. Diferentes Tipos de Lenguas habla en lenguas desconocidas para el hablante. El creyente está hablando directamente a Dios. El Dr. Walker escribe: "Estas lenguas pueden existir en el mundo, revividas de alguna cultura o grupo de personas pasadas, o desconocidas en el sentido de que son un medio de comunicación inspirado por el Espíritu Santo".[20] En I Corintios 14:5 Pablo dice: "Ojalá todos hablen en lenguas..."

El tercer Regalo Vocal es la Interpretación de las Lenguas. Donald Stamps escribe: "Esta es la habilidad dada por el Espíritu Santo para entender y dar a conocer el significado de un enunciado dado en lenguas".[21] El Dr. Paul Walker define esto como un "poder sobrenatural para entender el significado de la expresión dada en lenguas En el culto público".[22] I Corintios 14:13 -" Por tanto, el que habla en una lengua desconocida ora para que interprete". Cuando hablamos en lenguas encontramos liberación para exaltar la bondad de Dios y edificar nuestra santísima fe. Cuando hay un mensaje en lenguas, y una interpretación sigue, evocará la adoración y producirá alabanza en la congregación. Las lenguas y la interpretación son para el propósito de consuelo, edificación y para alentar a la congregación en su andar de fe. Dios da estas manifestaciones del Espíritu para fortalecernos y elevarnos. Estos dones del Espíritu nunca deben ser usados de manera crítica, dura, o hiriente. Son diseñados por Dios solamente para levantar, no para derribar. Todos los Dones del Espíritu son redentores de propósito. Dios desea darnos lo mejor y bendecirnos con todo lo que necesitamos. El Apóstol Pablo nos anima en I Corintios 12:31 a "desear ardientemente los mejores dones".

ORACIÓN DE HOY:

Padre, abrimos nuestros corazones e invitamos al Espíritu Santo a hablar con nosotros. Nuestra oración es que nos convertiremos en un vaso que Usted usará para alentar a otros. Danos una mayor conciencia de Su presencia y enséñanos a escuchar más atentamente a Tu voz. Tenemos hambre de escuchar Tu voz personalmente y en nuestras reuniones corporativas de culto.

NOTAS:

LOS DONES DE PODER

La Escritura de Hoy: *1 Corintios 12:5-9 — Y hay diversidad de ministerios; pero el mismo Señor es. Y hay diversidad de operaciones; pero es el mismo Dios el que hace todas las cosas en todos. Pero a cada uno le es dada manifestación del Espíritu para provecho. Porque a la verdad, a éste es dada por el Espíritu palabra de sabiduría; a otro, palabra de conocimiento por el mismo Espíritu; a otro, fe por el mismo Espíritu, y a otro, dones de sanidades por el mismo Espíritu..."*

El último de los tres grupos de los dones del Espíritu son los Dones del Poder. Estos tres regalos son el Don de la Fe, el Trabajo de los Milagros y los Dones de Sanación. Los Regalos Vocales son los dones que hablan, los Dones del Conocimiento son los dones que conocen, y los Dones de Poder son los dones de la acción. Estas son acciones sobrenaturales que vienen directamente del Espíritu Santo.

1 Corintios 12:9 nos dice que el Espíritu Santo da un regalo de fe. El Don de Fe es una "fe sobrenatural impartida por el Espíritu Santo

que permite al creyente creer por lo imposible, lo extraordinario y lo milagroso. Es una fe que mueve las montañas y se encuentra muchas veces en combinación con otras manifestaciones como la curación y los milagros".[23]

Esta fe es diferente de la fe que ejercitamos en la salvación. Viene como resultado de escuchar la Palabra de Dios. Es una fe sobrenatural que viene cuando nos enfrentamos a una dificultad o necesitamos un milagro especial. Se puede describir como una fe que está más allá de nuestra comprensión natural o comprensión.

El Apóstol Pablo revela en I Corintios 12:9 que el precioso Espíritu Santo nos da los Dones de Sanación. Notará que la palabra regalo está en forma plural. Esto significa que Él da muchos dones de sanidad.

Esto significa que la curación está disponible para muchas enfermedades diferentes, para las personas que tienen más de una enfermedad, o para aquellos que se encuentran con una enfermedad conocida más de una vez. La curación es un maravilloso regalo de Dios. Puede ser gradual o instantánea. Creemos que toda sanidad es de Dios, y que los enfermos deben buscar diligentemente al Señor para un regalo de sanidad.

El Tercer Regalo se encuentra en I Corintios 12:10, que enseña que el Espíritu Santo da el Trabajo de los Milagros. Donald Stamps escribe: "Los milagros son hechos de poder sobrenatural, que alteran el curso de la naturaleza. Son actos divinos contra Satanás y los espíritus malignos.[24] "Tienen que ver con la protección de Dios, la provisión financiera, expulsando demonios, alterando las circunstancias en la vida de la gente o haciendo juicio. Son enviados para alentar y fortalecer a los creyentes en su andar de fe.

El Antiguo Testamento está lleno de ejemplos de este don en funcionamiento. Los siguientes ejemplos se encuentran en las páginas del Antiguo Testamento:

1. El cruce milagroso del Mar Rojo en Éxodo 14:1-30.

2. La apertura del río Jordán en tiempo de inundación en Josué 3:1-14.

3. El suministro sobrenatural de maná para los hijos de Israel en el desierto en Éxodo 16:31-35.

4. La vara de Aarón que milagrosamente brotó y produjo almendras en Números 17:6-10.

5. Los milagros de los profetas Elías y Eliseo en el primer y segundo reyes.

A través del Antiguo y Nuevo Testamento Dios nos ha dado una muestra de Su poder de trabajo milagroso. Si un milagro es necesario entonces Él es el Dios de los milagros. Dios anhela intervenir en nuestra vida y circunstancias personales. Todo lo que tenemos que hacer es invitar al precioso Espíritu Santo a invadir nuestras necesidades y circunstancias.

ORACIÓN DE HOY:

Padre, te pido que invadas mi casa, mi congregación y mi ciudad con Tus dones de poder. Que el don de la fe funcione en mi vida. Necesito experimentar un don de la curación. Anhelo experimentar Tu poder milagroso en mi vida. Te invito a invadir mi mundo de hoy con Tu presencia y tus dones para que yo pueda ser cambiado para siempre en Tu imagen y semejanza.

NOTAS:

EL FRUTO DEL ESPÍRITU

La Escritura de Hoy: *Gálatas 5:22-26 — "Mas el fruto del Espíritu es amor, gozo, paz, paciencia, benignidad, bondad, fe, mansedumbre, templanza; contra tales cosas no hay ley. Pero los que son de Cristo han crucificado la carne con sus pasiones y concupiscencias. Si vivimos en el Espíritu, andemos también en el Espíritu. No nos hagamos vanagloriosos, irritándonos unos a otros, envidiándonos unos a otros."*

En el quinto capítulo de Gálatas, el apóstol Pablo distingue entre las obras de la carne y el fruto del Espíritu. En los versículos 19-21 Pablo define y enumera diecisiete diferentes obras o hechos de la carne. En los versículos 22-23 aprendemos acerca del Fruto del Espíritu. Las obras son producidas por la energía humana. En este ejemplo Jesús se refiere a la fruta que crece en una vid. Las palabras de Jesús están registradas en El Evangelio de Juan 15:5. "Yo soy la vid, ustedes son las ramas: El que permanece en mí, y yo en él, lleva mucho fruto; Porque sin Mí no podéis hacer nada". En Gálatas 5:22 aprendemos que la palabra" fruto "es singular y no plural. Las obras de la carne son plurales, pero el fruto del Espíritu es uno e indivisible. Cuando nuestras vidas se entreguen total y completamente al Espíritu Santo, produciremos las nueve de las gracias que forman parte del fruto del Espíritu. Estas nueve gracias pueden definirse como semejanza con Cristo. El Dr. C. Scofield ha señalado que cada una de estas nueve gracias es "extraña al suelo del corazón humano".

Para entender mejor las nueve gracias diferentes, podemos dividirlas en tres grupos de tres. Los tres primeros tratan con nuestra actitud hacia Dios. En Gálatas 5:22, el apóstol Pablo escribe: "El fruto del Espíritu es amor, gozo y paz". El amor es la primera de las nueve gracias y puede definirse como un "cuidado y búsqueda del más alto bien de otra persona Sin motivo para ganancia personal.[25] "El amor es lo que Dios es, y lo que debemos ser. El amor se define en I Corintios capítulo 13. Este capítulo se ha definido como el capítulo del amor y nos da nueve ingredientes diferentes del amor divino:

1) Paciencia	2) Amabilidad	3) Generosidad
4) Humildad	5) Cortesía	6) Altruismo
7) Buen Temperamento	8) Rectitud	9) Sinceridad

La segunda gracia enumerada en el versículo 22 es gozo. El gozo es el "sentimiento de alegría basado en el amor, la gracia, las bendiciones, las promesas y la cercanía de Dios que pertenece a los que creen en Cristo".[26] Gozo es satisfacción con Dios y sus tratos.

Jesús demostró esa clase de gozo en Juan 4:34. "Jesús les dijo: 'Mi comida es hacer la voluntad del que me envió y terminar su obra'". En Salmos 16:11 el salmista enseña que en la presencia de Dios hay plenitud de gozo.

En I Pedro 1:8 se nos promete un gozo inefable y lleno de gloria. La tercera gracia registrada en la escritura de Pablo a los Gálatas es la paz. La paz puede definirse como la "quietud del corazón y la mente basada en el conocimiento de que todo está bien entre el creyente y su Padre celestial".[27]

La paz es buscada por toda la humanidad. Sólo se encuentra en la vida de un creyente que se rinde totalmente al Espíritu Santo. ¿Anhela experimentar esa paz que sobrepasa la comprensión humana? Entonces debes estar dispuesto a entregarte completamente a Dios.

Oración de hoy:

Padre, ayúdame a permanecer continuamente en Ti para que manifieste el fruto del Espíritu en mi vida. Quiero encontrar ese lugar de permanecer en Ti para que mi vida produzca mucho fruto. Reconozco hoy que tú eres la vid y yo soy una rama. Tu vida fluye hacia mí a través de la vid. Que yo sea una persona que demuestre el fruto del amor, la alegría y la paz. Mi oración de hoy es que el poder del fruto del Espíritu dentro de mí sea contagioso para los demás que trae a mi camino.

Notas:

EL FRUTO DEL ESPÍRITU
GRACIAS SOCIALES

La Escritura de Hoy: *Gálatas 5:22— "Mas el fruto del Espíritu es amor, gozo, paz, paciencia, benignidad, bondad, fe…"*

Alguien ha dicho sabiamente que el Fruto del Espíritu en la vida del creyente es más poderoso que la operación de los Dones del Espíritu. El Fruto del Espíritu es la expresión de Cristo en la vida de un creyente. En la primera parte aprendimos acerca del primer grupo de gracias que constituyen el fruto del Espíritu. En esta lección aprenderemos acerca del segundo grupo de gracias que se enumeran en Gálatas 5:22. Este grupo tiene que ver con las relaciones sociales.[28]

El versículo 22 los revela como sufrimiento, mansedumbre y bondad.[29] Uno de los rasgos más grandes de la personalidad de un creyente es la paciencia, como se describe en Efesios 4:2, que dice: "Con toda humildad y mansedumbre con la paciencia, En Apóstol Pablo anima a Timoteo "a seguir mi doctrina, modo de vida, propósito, fe, paciencia, amor, perseverancia".

El largo sufrimiento puede traducirse como paciencia. La paciencia viene cuando el Espíritu Santo mora en nosotros. La vida cristiana es una vida de resistencia.

Mateo 10:22 revela: "El que persevere hasta el fin, será salvo." Cuando vives por fe, ejecutas con paciencia la carrera que tienes delante.

La segunda gracia de este grupo es la dulzura. Se puede definir como no querer herir a alguien o infligir dolor. El Señor Jesucristo fue amable, bondadoso y compasivo. Se sabía que él tomaba a niños encima de sus rodillas y los sostenía en su regazo.

El Espíritu Santo está simbolizado como una paloma en el Nuevo Testamento. La paloma se conoce como un pájaro muy suave. Nuestro Dios es amable en Su trato con las personas. Él habla a nuestros corazones y nos conduce suavemente con compasión. Santiago 3:17 dice: "Pero la sabiduría que es de arriba es primero pura, luego pacífica, amable y dispuesta a ceder, llena de misericordia y buenos frutos, sin parcialidad y sin hipocresía". Amable, de voz suave, culta y refinada en carácter y conducta. Nuestra sociedad tiene una gran necesidad de personas que son amables y amables en un mundo duro, frío y profano. Efesios 4:32 dice, "para ser buenos unos con otros, misericordiosos, perdonándoos unos a otros, así como Dios en Cristo os perdonó". La tercera gracia en este grupo de tres es la bondad. La bondad se define como el "estado de ser bueno, bondadoso, virtuoso, benévolo y generoso y Dios como en la vida y la conducta".[30] También puede definirse como un celo por la verdad y la justicia, y un odio por el mal. Efesios 5:9 dice: "Porque el fruto del Espíritu está en toda bondad, y justicia, y verdad".

Una de las características más grandes del creyente lleno del Espíritu es la bondad. El pueblo de Dios es bueno, santo y justo. Un verdadero creyente tendrá un amor por las cosas que son buenas y un odio por las cosas que son malas. Un creyente será bueno porque hemos sido perdonados, limpiados y lavados en la preciosa sangre del Cordero.

ORACIÓN DE HOY:

Padre, por favor cultiva el fruto del Espíritu en mi vida. Puedo ser conocido como una persona que es paciente, amable y buena. Que mi vida se convierta en un testimonio vivo de Tu gracia y poder. Empoderarme con Tu bondad. Espíritu Santo Pido tu ayuda para que dure hasta el final en esta raza de fe.

NOTAS:

El Fruto del Espíritu
La Conducta del Creyente

La Escritura de Hoy: *Efesios 5:9 — "…porque el fruto del Espíritu es en toda bondad, justicia y verdad".*

El tercer grupo de gracias del Fruto del Espíritu trata de los principios que guían la conducta de un cristiano. Gálatas 5:22-23 los enumera como fe, mansedumbre y dominio propio. La fe es la primera y también puede ser traducida como fidelidad.[31] La fe es el principio vivo, divinamente implantado y creado de la confianza interna y total, de la seguridad, de la confianza y de la confianza en Dios y en todo lo que Él dice.

Un creyente lleno del Espíritu se caracteriza como un hombre o una mujer de fe. Él o ella es conocido como alguien que tiene confianza en Dios y Su Palabra eterna. En I Timoteo 6:12 el apóstol Pablo nos instruye a "luchar el buen combate de la fe, aferrarse a la vida eterna". Una persona de fe será fiel. Serán fieles a Dios, Su Palabra y Su iglesia. ¿Es usted conocido como un creyente fiel? Una de las gracias más olvidadas, pero necesarias en nuestra sociedad actual, es la fidelidad.

La segunda gracia es la mansedumbre. La mansedumbre se describe como "moderación unida a la fuerza y el coraje. Describe a una persona que puede estar enojada cuando la ira es necesaria y humildemente sumisa cuando la sumisión es necesaria."[32] Jesús fue conocido como el manso y humilde Salvador.

La mansedumbre no es debilidad. Es el poder bajo control. Debemos someternos unos a otros como la Biblia ordena y hacer una posición contra el mal. Mateo 5:5 registra las palabras de Jesús. "Bienaventurados los mansos, porque ellos heredarán la tierra".

La tercera gracia que trata de nuestra conducta cristiana es la templanza. La templanza es "tener control o dominio sobre los propios deseos y pasiones".[33] Esto incluye ser fiel a nuestros votos y compromisos matrimoniales. En Mateo 5:8, "Bienaventurados los de limpio corazón, porque ellos verán a Dios".

Vivimos en una sociedad que ha rechazado todas las restricciones. Nuestra sociedad de hoy es muy similar a los tiempos de los jueces en Israel. Los tiempos de los Jueces se definen como un tiempo "cuando cada hombre hizo lo que le parecía justo a sus propios ojos" (Jueces 21:25).

El autocontrol es una característica maravillosa y debe ser un rasgo de carácter de cada creyente. La Biblia dice que cuando vengamos a Cristo no somos nuestros, porque hemos sido comprados con un precio. Estamos llamados a ser templados y autocontrolados. I Corintios 9:25 nos dice: "Y todo el que compite por el premio es templado en todas las cosas". Gálatas 5:24 nos enseña cómo podemos tener estas maravillosas gracias en nuestras vidas. "Y los que son de Cristo han crucificado la carne con sus pasiones y deseos. El versículo 25 dice: "Si vivimos en el Espíritu, andemos también en el Espíritu".

ORACIÓN DE HOY:

Querido Padre, anhelo vivir en el Espíritu y andar en el Espíritu. Te prometo seguirte mientras irradias la luz en mi camino. Permíteme crucificar mi antigua naturaleza pecaminosa con sus pasiones y deseos. Con todo mi corazón deseo ser fiel, autocontrolado y amable.

NOTAS:

LA DISCIPLINA DE ESCUCHAR

La Escritura de Hoy: *Santiago 1:19* — " *Por esto, mis amados hermanos, todo hombre sea presto para oír, tardo para hablar, tardo para airarse;"*

Paul Tillich escribe: "El primer deber del amor es escuchar."[34] Una de las principales responsabilidades del creyente es aprender a escuchar la voz del Señor. Quince veces en el Nuevo Testamento, más que cualquier otro mandamiento, se le manda al creyente: "El que tiene oído, oiga lo que el Espíritu dice a la iglesia".[35]

Si vamos a crecer en la gracia y el conocimiento de nuestro Señor y Salvador Jesucristo, entonces necesitamos aprender el gozo de oír Su voz.

Escuchar requiere disciplina. Debemos ser buenos oyentes. Hay momentos en nuestras vidas en que debemos continuar nosotros mismos, dejar de hablar, dejar de orar, y aprender a esperar en Su presencia y escuchar lo que el Espíritu nos está diciendo.

Usted puede preguntar, "¿Cómo sé que Dios me hablará?" Dios

siempre está hablando. La pregunta no es "está hablando Dios", sino "¿estamos escuchando?" Él no está en silencio. Hebreos 3:7-8 dice: "Por lo tanto, como dice el Espíritu Santo: Hoy, si oiréis su voz, no endurezcáis vuestros corazones como en la rebelión." Dios desea hablar con nosotros todos los días.

El Espíritu Santo desea comunicarse con nosotros. Él desea darnos dirección para nuestras vidas (Salmos 37:23). Él anhela revelar los planes de Dios para nuestras vidas (Jeremías 29:11). Él nos ayudará a entender y comprender la Palabra de Dios (1 Corintios 2:10-16). Y nos hablará acerca del Señor Jesucristo (Juan 16:13).

Hay una serie de cosas que nos impedirán escuchar a la voz de Dios. Estamos ocupados, nuestros horarios están llenos de actividades que nos impiden pasar tiempo escuchando. A veces debemos ocuparnos de las actividades del ministerio para tomar tiempo para esperar en Su presencia y escuchar Sus instrucciones. Él está más preocupado por nosotros como individuos que por nuestros ministerios o carreras. Él está más preocupado con lo que somos en lugar de con lo que hacemos.

El escritor de Hebreos nos enseña que un corazón endurecido nos impedirá oír la voz de Dios. ¿Cuántas veces endurecemos nuestros corazones como hicieron los hijos de Israel en el desierto? Oyeron la voz de Dios, vieron el relámpago, y oyeron los truenos desde la cumbre del monte. Sinaí, y sin embargo se negaron a escuchar la voz de Dios.

¿Cómo nos habla Dios? Él habla hoy como lo hizo ayer. I Reyes 19:12 revela: «Elías oyó a Dios hablar en voz baja». El Salmista escribe en Salmos 18:13: «El Señor también tronó en los cielos, y el Altísimo pronunció su voz». En Hechos 9:4-7 Saúl, que se convirtió en el apóstol Pablo, oyó la voz audible de Dios y cambió para siempre. Una vez que escuches la voz de Dios, nunca más serás igual.

ORACIÓN DE HOY:

Padre, necesito escuchar tus instrucciones. Ayúdame a estar quieto y sé que Tú eres Dios. Guíame en mis decisiones. Trae corrección a cualquier área de mi vida que no esté totalmente entregada a Ti. Anhelo que el Espíritu Santo me enseñe la disciplina de esperar en Tu presencia y de escuchar Tu voz.

NOTAS:

DISCERNIR LA VOZ DE DIOS

La Escritura de Hoy: *1 Corintios 14:1-3 — "Seguid la caridad; y desead los dones espirituales, mas sobre todo que profeticéis. Porque el que habla en lengua desconocida, no habla a los hombres, sino a Dios; pues nadie le entiende, aunque en espíritu hable misterios. Mas el que profetiza, habla a los hombres para edificación, y exhortación, y consolación."*

Vivimos en una sociedad muy ruidosa. Hay numerosas voces que compiten por nuestra atención todos los días. Nuestras comidas familiares son interrumpidas por las llamadas en nuestros teléfonos celulares. Tenemos cientos de canales que compiten por nuestra atención en nuestros televisores. Los comerciales tienen un volumen mayor que los programas y películas que se transmiten a nuestros hogares.

Con la tecnología que usamos, se ha vuelto muy difícil desconectarse. Recibimos cientos de correos electrónicos y mensajes de texto todos los días en nuestros teléfonos inteligentes. Nuestras casas están conectadas a la World Wide Web a través de Internet. Nos hemos vuelto tan ocupados que necesitamos redescubrir la disciplina de escuchar.

Muchas veces nuestra oración es un monólogo. Subimos nuestras necesidades y deseos a Dios. Creo que debemos dar a conocer nuestras peticiones a nuestro Padre, pero también debemos tomar tiempo para escuchar su dirección e instrucciones. La oración está diseñada para la intimidad y la comunión con Dios. La oración es el medio de Dios para comunicarse con Sus hijos. Oswald Chambers escribió: "La oración no es simplemente obtener las cosas de Dios; Esta es la forma más básica de la oración. La oración es entrar en perfecta comunión con Dios".

A medida que desarrollamos la disciplina de la escucha, aprendemos a callarnos y a escuchar su voz. En Génesis 3:8 aprendemos que el Señor vendría al jardín en el fresco del día para comulgar con Adán y Eva.

El Salmista escribe en Salmos 46:10: "Estad quietos y sabed que yo soy Dios." Con todas las voces y ruidos que compiten por nuestra atención ¿cómo discernimos la voz de Dios? Hay muchas maneras en que Dios nos hablará. En este estudio quiero enfocarme en tres: en primer lugar, la voz del Señor será correctiva; Segundo, la voz del Señor será reconfortante; Y en tercer lugar, la voz del Señor será centrada en Cristo y bíblica.

En primer lugar, la voz del Señor será correctiva. Podemos estar seguros de que las voces de nuestra propia carne sólo traerá orgullo. La voz del enemigo tratará de llevarnos a vengarnos de aquellos que nos han herido o hecho daño. Esta es la voz del compromiso que nos alienta a pecar. Dios nos ama tanto que Él está dispuesto a corregirnos cuando estamos equivocados. Como padres, disciplinamos y corregimos a nuestros hijos porque los amamos, y porque estamos tratando de ayudar a construir y dar forma a su carácter.

Como hijos de Dios debemos estar dispuestos a someternos a la corrección. Esto toma madurez. Esta es una parte importante del proceso de crecimiento. Si no puedes someterse a la corrección y consejo de Dios, entonces te encuentras en un frío y estancado paseo con Dios.

En segundo lugar, la voz del Señor será reconfortante. En 1 Corintios capítulos 12-14 los nueve dones del Espíritu son revelados. En I Corintios 14:3 aprendemos: "Pero el que profetiza habla de edificación, exhortación y consuelo para los hombres".

Cuando Dios nos habla, será para nuestra ayuda y consejo. Él habla para alentarnos y fortalecernos en nuestra caminata y relación con Él. Él nos guiará y nos dirigirá a través de las dificultades y sufrimientos que provienen de vivir en un mundo caído.

En tercer lugar, la voz del Señor será centrada en Cristo y bíblica. I Corintios 2:14 declara: "El hombre natural no recibe las cosas del Espíritu de Dios, porque le son necedad; Ni puede conocerlos porque son espiritualmente discernidos ". Cuando escuchamos lo que creemos es la voz de Dios, debe ser pesada y balanceada en la Palabra de Dios. Lo que escuchamos debe alinearse con la Palabra de Dios. Dios nunca habla en contra de Su Palabra. La Palabra de Dios es la autoridad final.

Debemos pasar tiempo adorando en Su presencia. A medida que desarrollamos la disciplina de escuchar la voz de Dios, nuestra vida de oración crecerá más y creceremos en la gracia y conocimiento del Señor Jesucristo.

ORACIÓN DE HOY:

Padre, me someto a Tu corrección hoy. Anhelo crecer en Tu gracia. Anhelo escuchar la voz reconfortante del Espíritu Santo hoy. Necesito tu fuerza para superar las voces de desaliento y duda. Dame instrucciones para que mi vida de oracion.

NOTAS:

VIVO EN NUESTROS CORAZONES

La Escritura de Hoy: *Juan 16:13-15 — "Pero cuando el Espíritu de verdad venga, Él os guiará a toda verdad; porque no hablará de sí mismo, sino que hablará todo lo que oiga, y os hará saber las cosas que han de venir. Él me glorificará; porque tomará de lo mío, y os lo hará saber. Todo lo que tiene el Padre, es mío; por eso dije que tomará de lo mío, y os lo hará saber."*

En las lecciones anteriores estudiamos la disciplina de escuchar a Dios. Aprendimos de Hebreos 3:7 que el Señor está hablando a aquellos que están en relación de pacto con Él. El versículo 7 dice: "Por tanto, como dice el Espíritu Santo: Hoy, si oiréis su voz".

Como creyentes, una de nuestras prioridades más importantes es pasar tiempo en la oración, recibiendo inspiración y recibiendo dirección para nuestras vidas. Estamos dirigidos quince veces en la Palabra de Dios para "escuchar lo que el Espíritu está diciendo".

Con todas las voces y ruidos que compiten por nuestra atención hoy, ¿cómo distinguimos la voz de Dios? ¿Cómo sabemos que Dios está hablando a nuestros corazones? Hay muchas maneras en que Dios nos hablará.

Las palabras de Jesús se registran en Juan 16:13-15. "Sin embargo, cuando Él, el Espíritu de la verdad, haya venido, Él os guiará a toda la verdad; Porque no hablará por su propia autoridad, sino que todo lo que oyere hablará; Y El te dirá las cosas por venir. El me glorificará, porque él tomará lo que es mío y os lo declarará. Todas las cosas que el Padre tiene son Mías. Por tanto, dije que tomará de los míos y os lo declarará.

El Espíritu Santo hace que la Palabra de Dios cobra vida en nuestros corazones. Las palabras que Él habla siempre traen gloria al Señor Jesucristo. En la última parte de Apocalipsis 19:10 aprendemos, "Porque el testimonio de Jesús es el espíritu de profecía".

El Apóstol Pablo oró la siguiente oración por los creyentes en la iglesia de Éfeso. Él escribe en Efesios 1:16-19: "No ceséis de dar gracias por vosotros, haciendo mención de vosotros en mis oraciones, para que el Dios de nuestro Señor Jesucristo, Padre de gloria, os dé espíritu de sabiduría Y revelación en el conocimiento de Él, siendo iluminados los ojos de tu entendimiento; Para que sepáis cuál es la esperanza de su vocación, cuáles son las riquezas de la gloria de su herencia en los santos, y cuál es la grandeza de su poder para con nosotros, los que creemos, según la operación de Su poderoso poder". El Espíritu Santo anhela abrir los ojos de nuestro entendimiento para que podamos cumplir nuestras promesas del pacto a través del Señor Jesucristo. Él quiere revelar la grandeza excedente de Su poder que Él libera en favor de los que creen. El Espíritu Santo habla para revelar nuestra herencia en Cristo.

Mientras aprendes a callar y a escuchar la voz de Dios, no te decepcionarás. Su relación con el Señor se hará más profunda y significativa. Su crecimiento en la gracia se acelerará, y su conocimiento del Señor Jesucristo aumentará.

ORACIÓN DE HOY:

Padre, abre los ojos de mi entendimiento para que conozca la esperanza de Tu llamado. Muéstrame la esperanza de Tu llamado. Dame el Espíritu de sabiduría y revelación para que te conozca. Anhelo escuchar Tu voz para que pueda experimentar la obra de Tu poderoso poder.

NOTAS:

CONDENADO Y CONVENCIDO

La Escritura de Hoy: *John 16:7-11* — *"Pero yo os digo la verdad: Os es necesario que yo me vaya; porque si no me fuera, el Consolador no vendría a vosotros; mas si me fuere, os le enviaré. Y cuando Él venga, redargüirá al mundo de pecado, y de justicia, y de juicio. De pecado, por cuanto no creen en mí; y de justicia, por cuanto voy a mi Padre y no me veréis más; y de juicio, por cuanto el príncipe de este mundo ya es juzgado."*

En este pasaje del Nuevo Testamento Jesús está instruyendo a Sus discípulos sobre las obras del precioso Espíritu Santo en la vida del creyente. En Juan 16:7-11 y 13-14 revela cuatro cosas acerca de la obra del Espíritu Santo en nuestras vidas.

Primero, Él es referido como nuestro Ayudador Divino. Él es el llamado al lado del creyente como nuestro ayudante. En Salmos 46:1 el salmista escribe acerca del ayudante. "Dios es nuestro refugio y fuerza, una ayuda muy presente en problemas."

Jesús continúa en Juan 16:12 que el Espíritu Santo es nuestro guía. "Él os guiará a toda la verdad". En el versículo 13 se le conoce como Aquel que glorifica al Señor Jesucristo. Él glorifica y revela al Señor al creyente.

En Juan 16:8-11 aprendemos que el Espíritu Santo convence y convence. Dr. Fuchsia Pickett escribe: "La palabra griega para convicto puede traducirse también como convencer, condenar, exponer y reprender."[36] Jesús enseñó que parte de la obra del Espíritu Santo es convencer a los hombres del pecado, de la rectitud, y De juicio.

Él solo puede convencernos de nuestras condiciones perdidas y ciegas con respecto a las tres áreas del fracaso moral: el pecado, la rectitud y el juicio. Es el Espíritu Santo el que nos hace conscientes de nuestra condición perdida. Él abre nuestros ojos a la esclavitud de nuestros pecados.

Fue el poder de convicción del Espíritu Santo que habló a nuestros corazones y nos atrajo hacia el Señor Jesucristo. En Juan 6:44 aprendemos, "Nadie puede venir a Mí si el Padre que me envió no lo atrae; Y yo lo resucitaré en el último día."

Sin la convicción del Espíritu Santo no puede haber nuevo nacimiento por el Espíritu. A menos que el Espíritu Santo nos convenza de nuestros pecados entonces permaneceremos en nuestra condición perdida. Oswald Chambers escribe: "La convicción del pecado es una de las cosas más raras que nunca golpea a un hombre. Es el umbral del entendimiento de Dios. Jesucristo dijo que cuando el Espíritu Santo venga, Él convencerá de pecado, y cuando el Espíritu Santo despierta la conciencia y lo lleva a la presencia de Dios, no es su relación con los hombres lo que lo molesta, sino su relación con Dios".[37]

El Espíritu Santo también convence al cristiano de sus faltas, pecados, omisiones y defectos. Él nunca nos condena, pero siempre nos condena. La convicción está diseñada por Dios para llevarnos al arrepentimiento.

El Espíritu Santo convence y persuade al hombre de su condición pecaminosa. Convencer es picar el corazón de una persona hasta que él o ella sienta y sepa que él o ella es culpable. Persuadir significa golpear y conducir el corazón de una persona hasta que él o ella sepa que el hecho es cierto.

Se necesita un encuentro con el precioso Espíritu Santo para convencernos de nuestra necesidad de un Salvador. Él no sólo nos convence y nos declara culpables, sino que también provee un remedio para nuestra condición perdida. ¿Cuál es el remedio? El remedio es el Señor Jesucristo. El remedio es el perdón que está disponible a través de Su nombre. Aprendemos el remedio en 1 Juan 1:9. "Si confesamos nuestros pecados, Él es fiel y justo para perdonar nuestros pecados y limpiarnos de toda injusticia".

ORACIÓN DE HOY:
Padre, Tú eres mi refugio y mi fortaleza. Tú eres mi ayuda muy presente en tiempos difíciles. Tú eres mi torre fuerte. Invito al Espíritu Santo a buscar mi corazón hoy. Exponga mis faltas, mis pecados, mis omisiones y mis defectos. Guíame en toda la verdad. Tu Palabra declara que la verdad me traerá completa libertad.

NOTAS:

En Su Presencia

La Escritura de Hoy: *Salmos 16:11* —*"Me mostrarás la senda de la vida: Plenitud de gozo hay en tu presencia; delicias en tu diestra para siempre."*

En Éxodo 33:15 Moisés hace una de las más poderosas declaraciones encontradas en la Palabra de Dios. "Si tu presencia no va con nosotros, no nos traigas de aquí". Como creyentes, no podemos vivir sin la presencia manifiesta de Dios.

El Salmista declara en Salmos 16:11: "En Su presencia hay plenitud de gozo." En Éxodo 33 los hijos de Israel desobedecieron a Dios. Su desobediencia resultó en que el Señor dijo: "Mi presencia no irá contigo". El prometió enviar un ángel para expulsar a los enemigos que los hijos de Israel enfrentarían.

Pero, Moisés no estaba satisfecho con un ángel. Anhelaba la presencia de Dios. Moisés hizo esta declaración. "Si tu presencia no va con nosotros, preferiríamos morir en el desierto".

Esta debe ser nuestra oración hoy. -Si tu presencia no va con nosotros, entonces no nos traigas de aquí. ¿Aprendimos a vivir sin la presencia manifiesta de Dios? La presencia de Dios es muy importante en la vida del creyente. Es en Su presencia donde entramos en la plenitud de la alegría. Es en Su presencia que entramos en el resto de la fe.

El Señor responde a Moisés en Éxodo 33:14, "Y dijo: Mi presencia irá contigo, y yo te daré reposo." La Biblia tiene mucho que decir sobre el descanso. El Índice Cilopédico Bíblico dice que el descanso es "paz y tranquilidad". ¿Cuántos de ustedes podrían usar más paz y tranquilidad en su vida? Vivimos en una sociedad de ritmo rápido llena de estrés, cambio constante y ansiedad.

Dios promete descanso al creyente. Hebreos 4:9 dice: "Por lo tanto, queda un reposo para el pueblo de Dios". El versículo 10 continúa: "Porque el que ha entrado en su reposo también ha cesado de sus obras como lo hizo Dios desde la suya".

Su presencia traerá el descanso tranquilo y pacífico que nuestros corazones necesitan para poder oír de Dios. Todos necesitamos tiempo tranquilo. Cuando entramos en Su reposo, refrescará nuestros corazones y nos capacitará para escuchar mejor la voz de Dios.

En Salmos 55 encontramos un salmista cansado, temeroso y estresado. En el versículo 6, él describe un sentimiento que todos nosotros hemos tenido en un momento u otro en nuestras propias vidas. ¡Oh, que tenía alas como una paloma! Porque entonces yo volaría y estaría en reposo."

Necesitamos experimentar Su presencia para poder entrar en Su descanso. Experimentamos esta maravillosa presencia para que podamos estar quietos y aprender a vivir en Su amor, aceptación y gracia.

ORACIÓN DE HOY:

Padre, anhelo experimentar Tu presencia. Hay seguridad en Tu presencia. Quiero experimentar la plenitud de gozo que viene a través de Su presencia permanente. Confío en Ti y clama para entrar en el resto que viene a través de Tu santa presencia.

NOTAS:

LA UNCIÓN DEL ESPÍRITU SANTO

La Escritura de Hoy: *Hechos 10:38 "cómo Dios ungió a Jesús de Nazaret con el Espíritu Santo y con poder; el cual anduvo haciendo el bien, y sanando a todos los oprimidos del diablo; porque Dios estaba con Él."*

En nuestro estudio del Nuevo Testamento aprendemos que Jesús, el eterno Hijo de Dios, hizo milagros, resucitó a los muertos, abrió los ojos ciegos, hizo que los cojos anduvieran y echara demonios por todo el poder del Espíritu Santo. El apóstol Juan escribe en Juan 3:34 que Jesús fue ungido con el Espíritu sin medida.

En Lucas 4:18-19 Jesús está en la sinagoga de Nazaret y anuncia su misión. "El Espíritu del Señor está sobre Mí, porque El me ha ungido para predicar el evangelio a los pobres; Me ha enviado para sanar a los quebrantados de corazón, para proclamar la libertad a los cautivos y la recuperación de la vista para los ciegos, para poner en libertad a los oprimidos; Para proclamar el año aceptable del Señor".

La palabra "ungir" en el Antiguo Testamento significa frotar con aceite, especialmente para consagrar a alguien o algo. El símbolo del Antiguo Testamento para la unción se ve en el acto de verter aceite sobre la cabeza del individuo que Dios ha escogido para un oficio específico.

En Levítico 8:10 Moisés ungió a su hermano Aarón como sumo sacerdote de Israel. El salmista se refirió a esta unción en Salmos 133:2. "Es como el precioso ungüento sobre la cabeza, que corría sobre la barba, hasta la barba de Aarón, que descendía hasta las faldas de sus vestiduras".

En el Nuevo Testamento, la unción se define como una liberación del poder de Dios en la vida del creyente. La unción es el empoderamiento del Espíritu Santo que nos capacita para realizar las obras de Dios.

El Espíritu Santo nos introduce en lo sobrenatural. Somos seres espirituales y podemos vivir en el reino de lo sobrenatural. La unción es el poder sobrenatural del Espíritu Santo que nos permite realizar hazañas para Dios. Daniel 11:32 dice: "Pero el pueblo que conoce a su Dios será fuerte y hará hazañas".

La Biblia está llena de ejemplos de hombres y mujeres que hicieron poderosas hazañas para Dios. La unción del Espíritu Santo transformó a hombres y mujeres ordinarios en personas extraordinarias que realizaron grandes hazañas en el nombre de su Dios.

En Jueces 4:31 la unción tocó a Samgar y mató a seiscientos filisteos con un aguijón de buey. En el séptimo capítulo de los jueces Gedeón y sus trescientos hombres derrotaron a los ejércitos de los madianitas y los amalecitas usando sólo jarras de arcilla, lámparas y trompetas.

Fue la unción lo que permitió a un joven adolescente convertirse en un asesino de gigantes. La unción del Espíritu Santo puede tomar a un individuo reservado y transformarlos en asesinos gigantes. Necesitamos una nueva unción del Espíritu Santo para que podamos matar a los gigantes del miedo, la ansiedad, la opresión y el desaliento.

¿Cómo recibimos esta unción del Espíritu Santo? Mateo 7:7 dice: "Pidan, y se os dará; busca y encontraras; Llamad, y se os abrirá.

¿Le está pidiendo una mayor unción que le capacite en su caminar y en su relación con el Señor? Debemos pedir con fe, y seguir llamando a la puerta del cielo hasta que somos cambiados a su imagen y semejanza.

ORACIÓN DE HOY:
Padre, ungirme con aceite fresco. Preséntame a Tu poder sobrenatural. Ungirme para cumplir mi misión. Ungirme para matar a los gigantes del miedo, la frustración y el desánimo. Necesito tu unción para vivir una victoria vencedora.

NOTAS:

UNA VASIJA PREPARADA POR SU PRESENCIA

La Escritura de Hoy: *Juan 2:2-10 — "Y fueron también invitados a las bodas Jesús y sus discípulos. Y faltando el vino, la madre de Jesús le dijo: No tienen vino. Jesús le dijo: ¿Qué tengo yo contigo, mujer? Aún no ha venido mi hora. Su madre dijo a los siervos: Haced todo lo que Él os dijere. Y estaban allí seis tinajas de piedra para agua, conforme a la purificación de los judíos, y en cada una cabían dos o tres cántaros. Jesús les dijo: Llenad de agua estas tinajas. Y las llenaron hasta arriba. Y les dijo: Sacad ahora, y llevadla al maestresala. Y se la llevaron. Y cuando el maestresala probó el agua hecha vino, y no sabía de dónde era (mas lo sabían los siervos que habían sacado el agua), el maestresala llamó al esposo, y le dijo: Todo hombre sirve primero el buen vino, y cuando ya han bebido mucho, entonces el que es inferior, pero tú has guardado el buen vino hasta ahora."*

En Mateo 9:17 – "se cita a Jesús: "Ni ponen vino nuevo en odres viejos, o bien los odres se rompen, el vino se derrama y los odres se arruinan. Pero ponen vino nuevo en odres nuevos, y ambos se conservan".

Las palabras de Cristo revelan un principio importante en este pasaje de la Escritura:" No puedes poner vino nuevo en un odre viejo".

Muchas veces nos enfocamos tanto en un derramamiento del Espíritu de Dios, que el vino nuevo representa en este pasaje de la Escritura, que descuidamos el odre diseñado por el Creador para sostener el nuevo vino de Su Espíritu.

Sin un recipiente adecuadamente preparado no podemos mantener lo que se está derramando. Las vasijas son muy importantes. Si una lata de comida no está perfectamente sellada, los alimentos que contiene se echarán a perder.

Dios nos ha visitado como su pueblo para preparar un vaso. Antes de derramar el nuevo vino de su Espíritu, primero tiene que preparar el vaso que anhela llenar. Si ponemos en cortocircuito este proceso no podremos contener lo que Él desea derramar en nuestras vidas.

Escucha las palabras de Jesús: "No puedes poner vino nuevo en odres viejos". El propósito de la visita es prepararnos para llevar Su presencia de una manera más grande. ¿Por qué necesitamos la visitación del Espíritu de Dios?

Jueces 2:10 revela la razón: "Cuando toda esa generación fue reunida a sus padres, otra generación se levantó después de los que no conocían al Señor ni la obra que Él había hecho por Israel". En Ezequiel[37], el profeta Ezequiel Una experiencia en un valle lleno de huesos secos. El versículo 1 dice: "La mano del Señor vino sobre mí y me sacó en el Espíritu del Señor, y me puso en medio del valle; Y estaba lleno de huesos". En este pasaje hay un patrón que revela cómo Dios prepara un recipiente para Su presencia.

En Ezequiel 37:3 el Señor hace una pregunta al profeta. "¿Pueden estos huesos vivir?" ¿Cuál fue la respuesta de Ezequiel? "Oh Señor Dios, Tú sabes". En Sus instrucciones al profeta Él da instrucciones sobre cómo Él trae avivamiento a Su pueblo. Primero prepara la vasija. En el versículo 7 el profeta profetizó a los huesos dispersos. ¿Qué pasó? "Hubo un ruido, y de repente un ruido; Y los huesos se juntaron, hueso a hueso. "El versículo 8 continúa," De hecho, como miré, los nervios y la carne vinieron sobre ellos, y la piel los cubrió; Pero no había aliento en ellos. "Aquí está un ejército muy grande, pero no hay aliento.

Dios reunió el vaso y luego ordenó al Profeta que "profetizara al viento". En el versículo 10 el profeta profetizó y el aliento llegó a este ejército extremadamente grande y ellos vivieron. Debemos permitir que Dios nos prepare para retener Su Espíritu que nos da vida.

El Apóstol Pablo escribió a su hijo menor en la fe, Timoteo, en 2 Timoteo 2:20-21. "Pero en una gran casa no sólo hay vasijas de oro y plata, sino también de madera y barro, algunas para honra y otras para deshonra. Por lo tanto, si alguien se limpia de este último, será un recipiente para el honor, santificado y útil para el Maestro, preparado para toda buena obra."

Dios anhela hacer de cada uno de nosotros vasos de honor para que Él pueda llenarnos con Su presencia. Permita que el Señor nos prepare para recibir el vino nuevo de Su Espíritu.

ORACIÓN DE HOY:

Padre, anhelo el vino nuevo de Tu Espíritu. Prepararme para ser un recipiente para Tu presencia. Renovarme y prepararme para el derramamiento de Su Espíritu. Respira en mí el aliento de la vida. Hazme una vasija de honor.

NOTAS:

BIBLIOGRAFÍA

1. Dixon, Frances, Bible Study Notes, Eastbourne, England.
2. Pickett, Fuschia, Dr., Presenting the Holy Spirit, Who is He? Volume 1, Destiny Image Publishers, Shippensburg, PA 1993.
3. Hughes, Ray, Dr., Who is The Holy Spirit, Pathway Press, Cleveland, TN, 1994. ISBN -0879252
4. This information gleaned from a sermon by Evangelist John B. Todd on hearing the voice of God.
5. Stamps, Donald C., Editor, Full Life Study Bible, Grand Rapids, MI. 1992. Page 1840.
6. Wilkerson, David, Walking In The Spirit, Printed Sermon, World Challenge, Inc., Lindale, TX, December 30, 1991.
7. Ibid.
8. Full Life Study Bible, Page 1634.
9. Underwood, B.E., Spirit Gifts, Ministries and Manifestations, Advocate Press, Franklin Springs, GA 1984. Pages 89-90.
10. Dixon, Francis, "Bible Study Notes," Series 22, Words of Life Ministries, Eastbourne, England.
11. Information drawn from Dixon, Francis, "Bible Study Notes," Series 22, Word of Life Ministries, Eastbourne, England.
12. Dictionary.com, http://dictionary.reference.com/browse/enable?s=t, February 13, 2015.
13. Stamps, Donald, C. Editor, Full Life Study Bible, Zondervan Publishing, Grand Rapids, MI. 1992.
14. "Ibid." Page 1790.
15. Hayford, Jack, W., Editor, The Spirit Filled Life Bible, Thomas Nelson Publisher, Nashville, 1991. Page 2024.
16. Full Life Study Bible, Page 1791.
17. Full Life Study Bible, Page 1791.
18. Full Life Study Bible, Page 1791
19. Walker, Paul, Dr., Spirit Filled Life Bible, Spiritual Gifts, Thomas Nelson Publisher, Nashville, 1991, Page 2025.
20. Walker, Paul, Dr. Spirit Filled Life Bible, Thomas Nelson Publisher, Nashville, 1991, Page 2025.
21. Full Life Study Bible, Page 1791
22. Full Life Study Bible, Page 2025
23. Full Life Study Bible, Page 1790.
24. Full Life Study Bible, Page 1791.
25. Full Life Study Bible, Page 1841
26. Stamps, Donald, C., Editor, Full Life Study Bible, Notes on Galatians, Zondervan Publishing, Grand Rapids, MI. 1992, Page 1841.
27. Ibid. Page 1841.
28. Hayford, Jack, W., Editor, The Spirit Filled Life Bible.
29. Galatians, Thomas Nelson Publisher, Nashville, 1991.
30. Full Life Study Bible, Page 1841.
31. This definition was drawn from two different sources. 1) The Preacher's Sermon Outline and Study Bible," Volume 9, Christian Publishers Ministries, Chattanooga, TN. 2) Full Life Study Bible, Page 1841.
32. Horton, Stanley, Systematic Theology, A Pentecostal Perspective, Logion Press, Springfield, MO, 1994. Page 481.
33. Full Life Study Bible, Page 1841
34. Full Life Study Bible, Page 1841
35. Tillich, Paul, Paul Tillich Quotes, http://thinkexist.com/quotes/paul_tillich/. July 3, 2012
36. Revelation 2:7
37. Pickett, Fuschia, Dr., Presenting the Holy Spirit, Who is He? Volume 1, Destiny Image Publishers, Shippensburg, PA 1993.
38. Chambers, Oswald, My Utmost for His Highest, Daily Devotions, http://utmost.org/tag/ conviction-of/, May 3, 2014

Made in the USA
Columbia, SC
12 September 2022